¿TE ATREVES A LEERME?

Descubre la Mente de un "loco" Feliz

"quizás al hacerlo, cambie tu vida"

Ram Kishan Puri (R. Mañero)

© 2017 by J.R. Mañero

Primera edición: Septiembre del 2017

ISBN: 978-84-697-6044-4

Depósito legal: DL L 1271 -2017

Impreso en España / Printed in Spain

Impreso por: imprimaonline.com

Todos los derechos reservados.

Cualquier forma de reproducción, distribución, comunicación pública o trasformación de esta obra solo puede ser realizada con la autorización de su titular, salvo excepción prevista por la ley.

Doy gracias a todas las personas que indirecta o directamente me han hecho de espejo, ayudándome a verme reflejado y aportando luz a mi confusión.

Gracias a mis amigas, amigos y en especial familia por todo lo que me aportan.

Gracias a las personas que han participado en la corrección de este libro, así como a todos los que me han ayudado a escoger la portada, gracias de todo corazón.

Y gracias a la vida por despertarme de este, de su sueño.

Biografía

R. Mañero ha vivido desde muy pequeño en la ciudad de Les Borges Blanques. Ram Kishan como a él le gusta llamarse, es un buscador, un aventurero. Desde joven se interesó por los temas sobre el control de la mente y de las emociones. El camino recorrido ha sido largo y las experiencias inolvidables, pero el inicio de todo, el cambio más significativo se produjo hace más de diez años, cuando casi sin darse cuenta, se introdujo en el mundo del auto descubrimiento, el conocimiento profundo de uno mismo con la práctica de diversas filosofías y practicas: Teosofía, Yoga (Hatha, Karma, Jnana, Raja, Bhakti), pranayama, meditación... desde entonces ha recorrido caminos probatorios en busca de experiencias que lo llevaran a una comprensión real de las
"verdades" sobre el potencial humano, sobre las capacidades de auto control de los impulsos primarios... ha viajado a la selva mazateca (México), convivido con monjes en la India, visitado templos y mezquitas en Egipto, ha recorrido parte de Estados Unidos... conociendo personas de todas las razas, costumbres, unas sabias y altruistas, otras interesadas... todo para recabar experiencias y para poner en práctica lo aprendido, porque él siente, que cuando realmente te conoces, que cuando naturalmente se descubren todas las debilidades así como todos los potenciales de uno mismo, es fuera del entorno de seguridad y comodidad en el que se ha vivido.

Índice

Introducción 9

¿Qué es, de qué hablo cuando digo *mente*? 11

¿Es mi mente igual que la tuya?, ¿funcionan igual? ... 17

¿Se puede entrenar la mente? 24

    ¿Es la pereza la que genera desmotivación? 27

Ejercicio: "conocerme más" 36

    Primera parte 36
    Segunda parte 38
    Tercera Parte 38
    Cuarta parte 41
    Quinta parte 45
    Resumiendo: 45

    Ya estás cansado de aprender, la pereza te puede 47

¿Qué es el Ego? personalidad y educación 51

    La práctica que recomiendo: aprender a concentrarse 58

    Corrección 59

    Los 5 estados de la conciencia 60

    Reeducación en 4 pasos de 5 minutos 62

Mi mapa mental y procesos mentales 67

    Código genético, memoria celular. 71

La mente universal y la memoria universal 73

    ¿Nos podemos comunicar con esta mente universal? ... 75

    ¿Qué es el sueño? 76

¿Reencarnación o todo se acabó? 77

¿Cómo nos reencarnamos? 80

¿Espíritu, alma o ambos? _____ 82
Estar consciente y Ser consciente _____ 85
   ¿Qué aprendemos, quiénes nos enseñan? _____ 87
   Diferencia entre conocimiento y saber _____ 89
El inconsciente y el subconsciente _____ 94
   ¿Sentimientos y emociones? _____ 97
¿Cómo se crean y forman los automatismos de la mente? _____ 101
   Los hábitos, ¿cómo cambiarlos? _____ 101
¿Cómo y Por qué la concentración nos puede ayudar a cambiar hábitos? _____ 104
   La desesperación _____ 108
   El entrenamiento. _____ 108
   Cuento: EL ROSAL _____ 109
Realidad vs irrealidad. _____ 113
   La imaginación _____ 114
   ¿Qué es la libertad y el libre albedrío, existen de verdad? _____ 119
Libertad física y libertad mental _____ 122
El pensamiento o acto de pensar _____ 124
   ¿Qué es pensar y cómo funciona? _____ 124
   La memoria es selectiva _____ 130
El juego de las opciones _____ 131
   La información es poder. _____ 135
   La duda o dudar. _____ 137
   ¿Puede la mente adivinar el futuro? _____ 137

¿Qué son las probabilidades y cómo funcionan? _____ 139
¿Qué es la precaución y qué es el miedo? _____ 141
    ¿Es bueno tener miedo o mejor no tenerlo? _____ 142
    ¿Y cómo podemos dejar de tener miedo? _____ 143
Mentir, mentira y autoengaño _____ **145**
    ¿Cómo nos expresamos? _____ 145
    El autoengaño _____ 146
    La confianza _____ 149
La mente interpretativa _____ **151**
Alucinar, alucinaciones _____ **153**
    Alucinaciones creíbles _____ 155
    El sexto sentido: mi voz interior _____ 157
¿Qué es la inteligencia o ser inteligente? _____ **159**
Emociones vs sentimientos _____ **160**
La conexión entre el cuerpo y la mente _____ **162**
    ¿Algunas enfermedades nos las creamos nosotros mismos? _____ 162
    Retroalimentación, enfermedades autoinducidas _____ 164
    ¿Qué me impulsa a hacer las cosas que no quiero? _____ 165
¿Cómo pillarse a uno mismo? Jugando al escondite con el ego _____ **168**
    La felicidad y la felicidad REAL _____ 169
Coherencia vs incoherencia _____ **172**
Acción e inacción _____ **175**
Todo es Mente _____ **181**
¿Qué soy? y ¿qué es la vida? _____ **182**

Unir mente y "corazón" — 184
¿Entonces, de que hablamos cuando nos referimos a esos dos estados, el mental y emocional? — 184
Estados mentales: — 188
Relajación: — 188
Observación: — 188
Atención: — 188
Concentración: — 188
Meditación: — 188
Poner la mente en blanco, ¿es posible, es bueno...? — 188
Técnicas de Meditación — 190
Técnicas de Relajación — 192
Técnicas de Concentración. — 194

INTRODUCCIÓN

Seguramente la introducción es lo más importante de un libro si quieres que las demás personas entiendan que tienen entre manos. En mi primer libro: **DIARIO DE UN BUSCADOR en 28 días de ayuno y meditación**, fue mucho más fácil que en este.

Se ha escrito mucho sobre este tema, la concentración o atención plena, en inglés Mindfulness. También hay otros menos conocidos como Focused Mind (enfoque mental) o sobre trastornos de atención (NIMH, TDAH...) enfocados a la productividad en el trabajo, al éxito, a niñas y niños en edad escolar con déficit de atención... Entonces ¿qué es lo que un servidor puede aportar a tan numerosos estudios, literatura al respecto? MI VISIÓN PERSONAL, y numerosos ejercicios que he practicado para mejorar mi capacidad de atención, con el único propósito de saber quién soy realmente, qué soy...

En este libro quiero "desnudar" mi mente y ofrecerte una visión propia, cercana... de cómo funciona mi mente y "puede, solo puede que a lo mejor" también la tuya. Llevo muchos años estudiándola, comprendiéndola e incluso ahora AMÁNDOLA... y también la de los demás y aprendiendo de todas.

En numerosos escritos, los autores hablan de lo que es la concentración, de la parte científica, en este libro también hay un poco de ello, pero no solo eso, sino también, y en mayor medida, la experiencia personal, mi visión de una realidad paralela, del descubrimiento del otro yo.

Si lo que buscas es información cercana de una persona que experimenta, ha experimentado con los diferentes ejercicios y que puede dar veracidad de que funcionan... esté es tu libro.

Pero cuidado, jeje, esté libro puede cambiar tu vida, así que no lo leas si quieres que todo continúe igual porque mientras lo leas, tu otro yo, despertará de su letargo y ya nada volverá a ser igual.

Todo lo escrito en este libro no pretende ser una verdad absoluta ni incluso, si lo prefieres, una verdad.

Feliz lectura
Feliz Vida.

¿QUÉ ES, DE QUÉ HABLO CUANDO DIGO *MENTE*?

Primero de todo déjame decirte que voy a hablar de mi mente, de mi experiencia, de mi percepción. Muchos "mi", ¿verdad?, jeje, solo es para que quede claro, porque no pretendo decir una gran verdad científica, religiosa o espiritual, solo quiero compartir de una forma sencilla y lo más clara posible de qué es para un servidor todo este intrincado sistema que es la mente, en este caso la mía. Me basaré en los "descubrimientos" o mejor dicho las observaciones y comprobaciones realizadas sobre mi persona y puede, solo puede, que te sientas identificada o identificado. Procuraré no enrollarme demasiado, pero será inevitable ya que el tema es complejo. He procurado poner ejemplos sencillos de comprender y de no repetirme mucho pero no lo voy a negar, me gusta mucho repetirme, jeje. No todos sois iguales, algunos lo pillaréis rápidamente y otros os gustará que lo repita. Procuraré utilizar un lenguaje sin demasiados tecnicismos apoyándome en ejemplos, pero seguro que tendré de echar mano de alguno, para que TÚ, CON LOS MISMOS EJERCICIOS, puedas verificar, comprobar, si lo que a mí me pasa, también te sucede a ti.

Creo que estaremos de acuerdo en separar la máquina (cerebro) de lo que hace (mente). Para mí el cerebro es el juego de piezas de la máquina y lo que hace, como funciona esa máquina biológica llamada cerebro, es para mí la mente. Pondré un ejemplo de una máquina eléctrica para fabricar galletas. Todas las piezas, engranajes, correas... eso es el mecanismo, al igual que en el cerebro están las neuronas, etc. eso es la parte biológica, es la parte física. Pero luego está lo que hace, como funciona la máquina y a eso yo le llamo mente, relativamente invisible al ojo humano. El cerebro por sí solo no es nada, me explico. Cogiendo el ejemplo de la máquina de fabricar galletas por sí sola no es nada, no hará nada a menos que le demos al interruptor, que la alimentemos de alguna manera. Lo mismo que el cerebro de una persona muerta no tiene mente. Me vas siguiendo, ¿verdad? Hasta aquí creo que podemos estar de acuerdo. Voy a continuar con el ejemplo. Estamos de acuerdo que para que funcione la máquina necesita electricidad, ya he dicho que era eléctrica, pero también necesitará de los ingredientes para fabricar las galletas, de la materia prima, sin ellos no podremos hacer las galletas por mucha máquina que tengamos, ¿de acuerdo?

Los cinco sentidos son como sensores que reciben la información del exterior para ser procesada / almacenada. Toda esa información circula por el sistema nervioso hasta el cerebro en donde, aquí está la palabra importante, "ES INTERPRETADA" por la mente. Eso sería la materia prima de la mente, los estímulos que recibe.

He averiguado que si no hay estímulos exteriores la mente entra en estado de reposo y deja de fabricar pensamientos, ya que no hay información que procesar… jeje, pero de eso hablaré más adelante, de la meditación. Bien, continúo. Cuando la máquina está encendida los engranajes se mueven, mezclan los ingredientes y vierten la pasta sobre el molde, la forma en que queremos la galleta. A todo ese movimiento yo lo llamaré proceso de fabricación, seguro que estás familiarizado. Lo mismo pasa en la mente con todos esos estímulos, se mezclan y "fabrica" un pensamiento.

Para mí, entonces la mente es la suma de todos los procesos que pasan en el cerebro, ¡Vaya! explicado así parece fácil y todo, jaja, pero es más complicado que eso, solo era un pequeño ejemplo para situarnos porque hablaré mucho de la mente.

Este ejemplo es esencial para que comprendas **como creo que funciona mi mente**. No voy a hablar del cerebro, ni en donde se almacena la información o dónde se produce cada proceso mental... **primero que no lo sé y segundo que para ser feliz no es necesario,** es suficiente con saber cómo funciona la mente, no el cerebro, a menos que quieras ser médico para reparar daños físicos... jeje,

Entonces, ahora no, nos interesa las piezas de la máquina (cerebro) sino su funcionamiento (mente). Vamos a decir que todo lo que ocurre en la mente son PROCESOS MENTALES. Continuando con el ejemplo de la máquina de galletas, vemos que esta es muy simple o básica solo tiene un solo proceso o funcionamiento. Se vierten los ingredientes, se mezclan y caen al molde. Muy, muy básica pero la mente no es tan solo un proceso si no, que se dan miles a la vez como por ejemplo en una fábrica de hacer galletas en donde no solo hay una máquina, sino múltiples. Entonces imagínate que estás dentro de una fábrica en donde hay muchísimas máquinas y cada una hace algo, pero todas interactúan entre todas, complejísimo, ¿verdad? Para los informáticos o personas que trabajan con máquinas les resulta muy fácil entenderlo pero para los que no tienen costumbre de enlazar muchas cosas a la vez, es "bueno" que hablemos de ello. Porque la mente es muy compleja, más que una multinacional de fábricas, y si no entiendes esta primera parte, puede que te pierdas.

Entonces, aunque parezca repetitivo o lo sea en cierta medida, un proceso tiene una función bien definida desde el principio hasta el final. En el caso de la máquina de galletas tiene que ser capaz de verter la cantidad de líquido exacta en el molde porque si no ya no sirve o mejor explicado, su función no está bien regulada o también podría decir que está ENFERMA porque no hace lo que tiene que hacer o para lo que fue diseñada. Lo mismo con nuestra mente. Si hay algún daño en el cerebro seguramente esto afectará a alguna función / proceso de la mente. **Eso quiere decir que NO TODOS podemos hacer las mismas cosas, nuestro cerebro no es el mismo y podemos estar limitados ya desde nuestro nacimiento**. Pero para un servidor eso no es mala suerte, hablaré más adelante sobre el KARMA.

Voy a complicarlo un poco, solo un poquito. Vamos a poner más funciones a la máquina de hacer galletas. Imagina que también necesitamos hornearlas entonces tenemos dos opciones: la primera es llevarlas a un horno aparte y tostarlas o incorporar un horno a la máquina. Esto último es lo que sucede en nuestro cerebro, que este es capaz de hacer muchas cosas, muchísimas... Siguiendo con el ejemplo de la máquina ahora tenemos dos procesos, el de llenar el molde y el de hornear. Así podemos llegar muy, muy lejos, en LOS PROCESOS, porque podríamos querer sacar las galletas de los moldes, enfriarlas, embolsarlas, empaquetarlas, cargarlas al camión... ves lo que te cuento, eso mismo pasa en la mente desde que recibe los impulsos externos hasta que se trasforman en acciones. **Hay infinidad de procesos y todos empiezan en los sentidos**. Es un tema pesado si no estás acostumbrado a este tipo de cosas... pero ya que te tengo aquí déjame aprovechar antes de que te tomes un descanso o un respiro. Jeje

Imagina lo complicado que resulta hablar de la mente pues ahora lo voy a complicar un poquito más, no te asustes, solo un poquito. La vista podría decir que es un proceso: la luz alcanza nuestra retina, eso se trasforma en impulsos eléctricos gracias a unas células fotorreceptoras, llega al cerebro y esos impulsos nerviosos son interpretados por la mente. Una vez interpretados esos impulsos la mente REACCIONA emitiendo unos impulsos nerviosos… y más a delante ya explicaré que no podemos hacer nada al respecto o casi nada, porque cada estímulo provoca una reacción, muchas veces instantánea. Bueno, no del todo, estoy un poco mintiendo, pero no lo cuento ahora, más adelante… ese estímulo provoca una reacción, a eso le podríamos llamar un PROCESO. Ahora piensa que para que eso suceda, para que el proceso de ver se complete este lo podemos dividir en centenares de pequeños pasos o también llamados subprocesos. Son pequeños procesos dentro de un proceso mayor. Entonces ver cosas (la vista), es la suma de pequeños procesos y así podemos llegar hasta el infinito. Procesos dentro de procesos.

La mente es infinita y no hay un mapa único. **Ves lo maravillosa que es la mente, lo extraordinaria que es.** No te asustes de su inmensidad. Es como mirar el firmamento por la noche, no puedes ver todas las estrellas a la vez pero sí que puedes enfocarte en un grupito o mejor aún, en una sola. Es raro para nosotros hablar de algo que no podemos ni ver, ni tocar pero sí que podemos observar. Pero aún es más raro si te pones a pensar, que para poder saber de la mente, de nuestra mente, tenemos que recurrir a ella misma, quiero decir que ella misma, la mente, se tiene que auto-observar. A que suena súper raro, jeje, es como ponerle a la máquina de galletas un proceso capaz de repararse o cambiarse a ella misma. La misma mente con capacidad de cambiarse a ella misma. Suena raro pero a la vez súper emocionante. Es un viaje fantástico en donde vas mirando que procesos están obsoletos y cuáles te sirven o creas de nuevos. Imagina si quieres, porque alguien me dijo que no le gustaban las órdenes, jeje, que puedes SER quien quieras ser, que puedes cambiar parcial o completamente cosas que no te gustan de ti misma, de ti mismo o mejor dicho de tu carácter, que puedes mejorar en muchos aspectos... ¿no es un viaje fantástico y emocionante?

Por favor, ten paciencia, no es un tema sencillo, más bien es complejo. A medida que avances en la lectura, creo o "espero" te irás emocionando. ¡Vamos allá!

Ahora veamos lo que sabemos hasta ahora. Voy a hacer un esquema.

- La máquina es el CEREBRO.
- Los ingredientes son los 5 SENTIDOS y alguno más, jeje.
- La mezcla de los ingredientes es la información, educación...
- Al molde lo llamaremos ELECCIÓN.
- Y al resultado, la galleta, será ACCIÓN.
- Todo el proceso y funcionamiento lo llamo MENTE.

¿ES MI MENTE IGUAL QUE LA TUYA?, ¿FUNCIONAN IGUAL?

Esto es complicado, porque tengo que separar conceptos. Me gustaría darte una respuesta fácil, pero no la tengo. Observando a simple vista parece que todos funcionamos igual, que tus procesos son iguales a los míos. Pero no es real **del todo** y más adelante explicaré eso del todo. Sí que en cierta medida se parecen, pero esa pequeña diferencia puede dar resultados muy diferentes. Vuelvo al ejemplo de la máquina de galletas. Imagina que somos el fabricante y construimos dos máquinas con las mismas piezas y los mismos planos, podríamos decir que a simple vista que las máquinas son iguales, ¿verdad?, pero no es cierto, en apariencia y funcionamiento, puede, pero qué pasa si miramos más profundamente. Cojamos una pieza de la primera máquina y la misma de la segunda máquina. Pongamos que es una tuerca, las miramos y parecen iguales, pero hazte estas preguntas, si quieres claro, jeje,

- ¿Es posible fabricar dos cosas iguales?
- ¿Contienen la misma cantidad de minerales, o sea, la composición es la misma, exactamente la misma?
- ¿Los minerales son de la misma calidad?

Como sabrás, una máquina puede durar años y en otra similar, esa misma tuerca, puede salir "defectuosa" y estropear la máquina o hacer que funcione diferente. Trasladamos este ejemplo a nosotros. Estamos hechos con casi, y remarco, casi, los mismos ingredientes y los mapas, los procesos son iguales... pero realmente nuestros cerebros no lo son. Pasa igual que en el ejemplo de las máquinas, la composición química de las piezas puede afectar al funcionamiento, de la misma manera, un cerebro con una composición química u otra, funcionará más o menos fidedignamente al prototipo inicial por lo cual fue creado, eso si crees en algo superior, si no pues funcionará como le dé la gana, jeje. Entonces, quiero decir que según "la Suerte" que hayamos tenido, según la "cualidad" de nuestro cerebro, nuestros procesos serán más o menos parecidos. **Esto es muy importante y más profundo de lo que parece a simple vista** porque determina si somos "culpables" de nuestros actos, de si somos responsables, si podemos mejorar o no, de si podemos ser juzgados por nuestros actos… Voy a poner un ejemplo:

¿Conoces el ejercicio de la sal y la corriente eléctrica?

El ejercicio es simple y no necesitamos mucho para reproducirlo en nuestra casa. Se necesitan estos componentes:

- Portalámparas pequeño y una bombilla de linterna.
- Dos hilos, finos, para electricidad.
- Una pila, que pueda encender la bombilla.
- Un vaso de agua, a ser posible destilada y un poco de sal.

Este esquema es el más sencillo, se puede completar con más cosas, pero no, nos hacen falta. Montaremos el circuito igual que en el dibujo.

Una vez todo preparado, vemos como la bombilla está apagada, sin luz, no funciona, pero aquí es cuando interviene la sal. Quitamos los cables y ponemos una pizca de sal y probamos otra vez. Vamos repitiendo este paso agregando pizcas de sal, removiendo el agua destilada (que con la sal, deja de serlo) y poniendo los cables de nuevo, sumergidos en el vaso de agua. Llegará un momento en el que la bombilla se encenderá. Hay un punto en el que la bombilla se enciende, pero la luz es muy débil, vamos agregando más sal y la bombilla se verá a su máxima luminosidad. Ya por mucha más sal que pongamos no ocurre nada.

¿Qué demuestra el ejercicio? Que la falta de sal en el agua impide que la corriente eléctrica llegue a la bombilla, porque el agua destilada no conduce la electricidad y es como si tuviésemos el interruptor apagado. Pero al poner la sal, el circuito se cierra (interruptor encendido) y la electricidad pasa de un cable al otro, gracias a la sal que hace de puente entre los dos hilos.

En nuestro cerebro la falta de un mineral, vitamina… puede hacer cambiar el funcionamiento inicial y comportarse de forma totalmente diferente a lo que se espera de él. Tu cerebro y el mío no pueden ser nunca iguales, sí parecidos, pero el material con el cual fueron construidos, así como las cualidades de los materiales y lo bien cuidado o ¡importantísimo!, ya hablaremos más adelante, lo bien ALIMENTADO que esté, puede afectar a su funcionamiento y eso de rebote, afecte a la mente. Según la calidad de nuestro cerebro tendremos una mente u otra. Estoy hablando de algo muy, muy importante porque nos plantea, si estoy en lo cierto, a lo mejor opinas que no, una cuestión moral de si las personas somos responsables / culpables de nuestros actos. Una cuestión moral que si la trasladamos al ejemplo de las máquinas podríamos preguntarnos:

- ¿es culpable/responsable la máquina que tiene una tuerca "defectuosa"? ¿Es responsable una mente que no puede funcionar bien de ser menos productiva que otra mente que sí lo es?
- ¿Qué grado de responsabilidad nos toca si cuando nacimos nuestro cerebro no fue bien alimentado y no está del todo desarrollado?
- ¿Qué grado de exigencia podemos aceptar si no tenemos la capacidad de hacer las cosas como los demás esperan de nosotros?
- ¿Qué grado de compasión debemos de aplicar a las mentes que no funcionan como la sociedad demanda?
- ¿Cuál es el estándar de funcionamiento de la máquina biológica llamada Ser Humano?

Y muchas más preguntas que podría hacer... pero más adelante hablaré de mis vidas, porque se nos plantea una duda de si todo es cuestión de SUERTE...

Si naces en un lugar en donde tu madre y tu padre son conscientes de esto y te alimentan bien, quiere decir que tu cerebro será de mejor cualidad, calidad... ¿o influyen otros factores además de estos? Más adelante veremos...

En conclusión, por "CULPA" de una tuerca una máquina puede dejar de funcionar o funcionar mal, en el mejor de los casos. Pero en el ejemplo de la máquina podemos culpar al fabricante de no hacer bien el control de calidad, en cambio, en el caso de los humanos ¿a quién CULPAREMOS?, ¿a nuestros padres?, ¿al creador?, ¿a la mala suerte?

- ¿Quién es el responsable del control de calidad de nuestros cerebros? Porque un mal funcionamiento de nuestra mente, una discapacidad, un ser tonto o idiota... se debe a que no hemos hecho los deberes, a que no hemos aprobado los exámenes o no hemos estudiado... o ¿es que nuestras posibilidades no dan para más?
- ¿Cómo afecta la alimentación de nuestros padres en el desarrollo de nuestro cerebro antes y durante nuestro desarrollo?
- ¿Cómo afecta el entorno en donde nacemos?
- ¿Cómo afecta la forma en que nacemos?
- ¿Cómo afecta la motivación, la educación, la información, el clima, el agua... a nuestro desarrollo?
- ¿Cómo afectaron los virus de nuestra niñez en el desarrollo de nuestro cerebro?

... y muchas más...

Como dije anteriormente es tan complicado, es tan infinito que no creo que la naturaleza pueda crear dos cerebros iguales. Sí que tienen los mismos planos iniciales, patrones, funcionamiento esperado... pero todo, y digo todo, sabiendo lo que implica, puede afectar al desarrollo de nuestro cerebro y de rebote al funcionamiento de nuestra mente.

Conclusión: Para un servidor no hay dos mentes iguales.

Pero hay algo que sí podemos hacer, descubrir cómo funciona e intentar mejorarla con nuevas herramientas, porque creo que aunque sean diferentes en muchos aspectos, tienen algo en común. La naturaleza al nacer nos dota de un programa inicial, básico de funcionamiento y ¡sí!, pueden fallar muchas cosas, pero ya es más raro que fallen todas a la vez, así la mayoría somos muy diferentes por las circunstancias de nuestras vidas pero el programa inicial continúa estando ahí y si no hay un daño muy grave (físico) se pueden hacer aún muchas cosas para mejorar. Con un ejemplo un poco simple, pero espero, efectivo, explicaré lo anterior:

Si tenemos un brazo dañado o lastimado, podemos reforzar al otro para que compense la falta de fuerza del dañado. Hay cosas, muchas cosas que aún no sabemos del cerebro, pero una que sí sabemos, es que este busca la manera de auto repararse haciendo conexiones nuevas, nuevos caminos sorteando las partes más débiles.

Entonces, dicho lo dicho, en mi opinión hay que intentarlo, hay que ver, conocer hasta qué punto es un daño físico o solo es temporal. Si está "roto" nuestro cerebro, nuestra capacidad de aprendizaje puede verse afectada y por muchos esfuerzos que se hagan, los resultados pueden ser escasos. Pero esos "escasos" resultados pueden marcar una gran diferencia, ¿Quién sabe? En casos más graves solo cabe esperar a que la ciencia avance y encuentre soluciones para reparar los daños físicos. Pero según mi observación, en la mayoría de los casos, con entrenamiento podemos balancear la situación, reforzando áreas de nuestra mente para que ayuden a las que están más débiles. En el trascurso de varios años he observado cómo funciona mi mente y la de mi familia, amigos... y demás del mundo mundial. El viajar por el mundo me ha dado la posibilidad de conocer personas, mentes entrenadas, educadas con diferentes métodos, otras culturas diferentes a la mía, o mejor dicho, en las cuales me he criado. Y he podido observar un patrón más allá de la cultura, creencia, educación… un sistema que utiliza la mente para aprender. A este sistema o proceso de aprendizaje lo llamaré **Programación inicial**. Es común en todo ser humano. Es un sistema que funciona solo, silencioso. Los humanos, aprendemos más o menos, por no decir igual, en todo el mundo. Podemos ser más visuales, auditivos…, pero por donde llega la información no es el problema sino qué hacemos con ella. Si conoces el sistema de APRENDIZAJE en tu propia mente ese sistema es el mismo en todos, otra cosa es que ese sistema se vea interrumpido por algún desequilibrio como he mencionado anteriormente. Pero lo importante es que si lo conoces puedes ayudar a otros a que lo vean o aprendan. Y eso, con varios procesos mentales, se puede aprender y mejorar. De aquí la importancia de los ejercicios, no como algo impositivo, sino como ofrecimiento, porque la nueva información puede generar motivación, curiosidad por lo nuevo. También lo opuesto, claro, está, el miedo; pero lo dejo para el final porque es extenso y se necesita más información para trasformar el miedo en oportunidad.

Y ya para finalizar este espesísimo capítulo, jeje, las mentes, los cerebros son diferentes en cada uno de nosotros pero hay cosas, funcionamientos, que son inherentes a toda la humanidad e incluso a toda la vida en este planeta, esa es mi observación: no hace falta ser científico, solo se requiere observar.

¿SE PUEDE ENTRENAR LA MENTE?

Ya sé, tu primera respuesta, mentalmente ha sido: sí, claro, ¡por supuesto!

Puede que cuando acabes este capítulo lo veas un poco diferente.

Estamos de acuerdo en que con ejercicios continuos y precisos nuestra mente, aprende, recibe nuevas pautas de funcionamiento. Esos ejercicios, si se repiten a menudo, crean un nuevo patrón de conducta o hábito en nosotros. Entonces dirás que estoy diciendo que sí, que es afirmativo, la mente se puede entrenar, pero no es suficiente con decir que sí, hay muchos matices a tener en cuenta.

El primero y más importante es el de si queremos. Me explico mejor: ¿Cuántas veces queremos aprender algo nuevo y por pereza no lo hacemos? Este es el punto, no si podemos, sino si realmente queremos. Voy a hablar de mi pereza. La pereza es un pensamiento opuesto a hacer algo. "Quiero aprender a hacer galletas", pero eso es un deseo, un pensamiento, una observación de lo que quieres o necesitas. La mente se puede entrenar para aprender a hacer lo que queramos, si no tiene problemas graves, podemos aprender lo que queramos, siempre con la limitación de nuestro cerebro. Pero ¿de dónde surge la pereza? ¿Qué es la pereza? Imagina que podrías hacer si no tuvieses pereza, increíble, ¿verdad? En mi caso, me di cuenta y aún hoy por hoy me sucede en más del 75 % de los casos, por decir algo; la pereza bloquea mis deseos, mis ganas de hacer algo, de aprender. En mí funciona así:

Estoy relajado u observando algo y viene un pensamiento, un

deseo en mi mente, por ejemplo, aprender a tocar música o mejor escribir lo que tengo en la mente. A ese pensamiento le siguen otros y empiezo a visualizar los resultados de hacer lo que pienso. Aparecen sensaciones, emociones de placer mientras me veo cumpliendo mi deseo. La euforia va en alza y más imágenes se proyectan en mi mente y más ideas o deseos. El estímulo es tal que me siento alegre solo por el hecho de pensarlo. La motivación es de tal magnitud, que me veo empezando aquello que deseo. Poniendo las primeras piedras con acciones impulsivas hacia lo que deseo. Ejemplificando, si quiero escribir un libro, este, por ejemplo, lo primero que apareció en mi mente es una imagen de un título y el dibujo de la portada. Esa imagen me impactó tanto, que despertó un anhelo, un deseo de verlo hecho realidad, de escribir otro libro. Ya hablaré más delante de cómo suceden en mí estos flases o deseos y de dónde vienen, entonces, aparecen ideas de cómo hacerlo, que poner, que compartir... mientras esas ideas, pensamientos, inundan mi cabeza, mi estado de ánimo cambia, me siento contento, feliz... como si todo lo que tengo en la mente ya estuviese realizado. Lo veo tan fácil, tan cercano, que salto de alegría. Eso me motiva a hacer mi primera acción, pasar de la imagen mental (la portada) al papel o en mi caso, al editor gráfico. Y en este punto, en este instante que quiero pasar de lo imaginativo a lo material es cuando aparecen lo pensamientos contrarios, opuestos... la pereza.

¡Por qué una vez visualizado, hay que materializarlo!

La mente cambia de canal, de lo creativo a la ACCIÓN. Se prepara para plasmar en el mundo 3D lo que imaginó en el mundo inmaterial. Entonces la mente empieza a fabricar pensamientos más densos y realistas que hacen una valoración REAL de lo que la parte imaginativa quería, deseaba... Al hacerlo empieza a juntar piezas, habilidades... recursos necesarios para llevarlo a cabo. En el ejemplo de este libro enciendo el ordenador, abro el programa de edición gráfica, y empiezo poniendo el título, que bien todo fluye... la mente se retroalimenta positivamente, para buscar tipos de letras, probar unos y otros... todo perfecto, me encanta... la mente está contenta porque lo que sucede en el mundo real es igual a lo imaginado. Pero aquí empiezan los problemas, a la hora de hacer el dibujo. Lo que imaginé no se parece mucho o nada a lo que estoy intentando hacer, aquí la mente empieza a vacilar prueba esto, aquello, nada, NO SOY CAPAZ DE HACER LO QUE HE IMAGINADO. Y aquí choco contra un muro, contra la realidad y el programa desmotivación se activa y empieza a generar pensamientos opuestos a los del principio,

- Ves, es muy difícil, no tienes capacidad de hacerlo, déjalo. Me dice la mente.

Hay infinidad de cosas que suceden según el propósito que tuviese. Algunas veces me sucedía que ni siquiera llegaba al primer paso, que mi mente ya decía:

- ay, esto es complicado.
- no estás preparado para hacerlo.
- bueno, más adelante ya lo haré.
- ahora no es un buen momento.

La desmotivación tiene muchas caras. Cuando aparecen las dificultades en plasmar lo imaginado en lo real, nuestros sueños, anhelos... son atacados, aniquilados por el PROGRAMA

PEREZA. La pereza mata la creatividad, ayudándose de su compañera la desmotivación. Cuan tan grande sea el proyecto tan grande será la pereza, nos, me cuesta, un gran esfuerzo el llevar los sueños a la realidad porque eso implica aprender cosas nuevas enfocarse, equivocarse, tiempo, paciencia…

También está la pereza de no querer hacer cosas materiales, sencillas como trabajar, salir, hacer algo…

Ese tipo de pereza está relacionada con lo que hablo ya que viene de la NO COMPRENSIÓN de porque tengo que hacerlo. Hablaré de ello más adelante. Entonces cuando encuentro obstáculos a superar es cuando me desmotivo o mejor dicho, ahora me desmotiva mucho menos. Vamos a ver como lo consigo, pero antes hablemos de por qué la pereza es la que genera desmotivación.

¿Es la pereza la que genera desmotivación?

En mi mente existe una cosa llamada educación, concretamente en la memoria, una información escrita en cada una de mis neuronas, principalmente desde mi concepción, desde el primer día hasta el día de hoy pero más intensamente hasta los 13 o 14 años.

Notas: matar la creatividad, como una parte de la mente aniquila a la otra parte; desmotivación

Esta información, la educación recibida, me ayuda, ayudó a "encajar" en un patrón establecido llamado sociedad pero no solo eso, sino que también me dotó de la información necesaria para sobrevivir en este medio llamado planeta. Entonces yo hago diferenciación de la información almacenada, a saber:

- **Información objetiva**: sería la que me permite permanecer a salvo en la vida. Información útil para mi desarrollo y conocimiento de lo que realmente me puede hacer daño o lastimar. Sin esta información mi aprendizaje en este mundo acabaría antes de lo "esperado" y por la cual, desarrollaré un programa llamado miedo a morir. Muy útil la verdad si no, no leerías estas líneas, jejeje
- **Una información subjetiva** de lo que está bien y de lo que está mal (moral), heredado como lo anterior de la familia, sociedad… aprendida.

Entonces ¿si nadie me hubiese enseñado la pereza no estaría en mí? Una buena pregunta. ¿Por qué y de dónde viene la pereza? ¿Viene de serie con la vida o fue creada? Puede que no te parezca importante el saberlo pero en mi caso cuando hablo de la mente me es muy útil el saber si es aprendido (información subjetiva) o viene de serie (información objetiva).

Lo aprendido se puede reemplazar, mejorar… lo de serie aún estoy investigando, de momento con resultados poco satisfactorios.

Mi PEREZA no es inherente, es aprendida. Me baso en que se creó cuando yo era niño a causa de forzarme a hacer, a aprender. Me explico: De pequeño el sistema que utilizaban para educar era por imposición, no por observación. El sistema de imposición es el de: ¡tienes que aprender!, no importa lo que te motive, hay un temario que aprender, no interesa saber si te gusta o no y tampoco tenían en cuenta mi forma de aprender. No les importaba mi mente, no sabían nada de mí, solo que aunque no quieras o no te guste vas a aprender lo que nosotros, los educadores (padres, familia, maestros…), hemos decidido por ti, ya que tú no lo sabes, que es bueno o malo de aprender. Eso para todos los niños y las niñas de mi clase, escuela… Todos éramos iguales teníamos que aprender lo que la sociedad había acordado o mejor dicho lo que unos cuantos pactaron. Nadie tuvo en cuenta, ni a mí ni a los otros, nuestras capacidades o debilidades. Todos teníamos que hacer y aprender lo mismo, indiferentemente de la "calidad o cualidades" de nuestro cerebro. Nos obligaban a aceptar ÓRDENES y el método era: o lo haces o castigo. También muchas veces se basaba en premio para el mejor, mejores y ridiculizar a los perdedores, que ellos mismos decidían quien era el ganador o perdedor. Sistema que aún veo en muchas cosas, o eres ganador o perdedor. Entonces cuando se educa a alguien con este sistema te ves muchas veces forzado, obligado a hacer cosas de la cuales no encuentras motivación, satisfacción. Se da por buena la teoría que en esta vida hay que hacer muchas veces cosas que no, nos gustan. Eso está en mi educación y cuando alguien me quiere obligar a hacer algo que no me gusta aparece el Programa Pereza. Esta palabra para mí solo significa FALTA DE, principalmente motivación, pero también de recursos para llevar a cabo lo que sueño, deseo, imagino… al mundo material.

Imaginaos otro escenario educativo, en donde de pequeño hubiesen valorado mis capacidades y me hubiesen motivado a la vez que enseñado, no por imposición, sino por Imitación. Mi cerebro está preparado para aprender, no le hace falta que nadie le enseñe, de base, lleva un sistema de autoaprendizaje que se da a través de la observación (cinco sentidos y alguno más, jeje), e imitación. Mi mente observa algo y trata de imitarlo, eso sí, no todo, y aquí está el dilema. ¿Por qué solo nacer, hay cosas en las que nos fijamos, nos atraen y otras ni las vemos? Pues ya de muy pequeño mi mente tenía preferencias de lo que quería aprender y de lo que no. La educación es una muy buena herramienta, eso ni lo cuestiono.

No te confundas, que te veo, jeje, no hablo sobre que tú creas, que otros quieren inculcarte sus creencias, eso ya es otra historia. Si te sientes así, creo que estás personalizando. Me centro en la educación de niños. Ahora ya somos mayorcitos y decidimos que queremos y de quien aprender, o a lo mejor no, pero eso es otra historia. Un servidor se refiere, a que podemos encontrar personas que nos pueden trasmitir información para que avancemos con mejor paso, suframos menos... y otra cosa es la de pensar, que nos están forzando a hacerlo. Evidentemente, en muchos aún persiste el bloqueo de niños y confundimos, entre que el otro exprese sus descubrimientos, a que quiera imponerlos. Lo dicho, ya no somos bebés o niñitos, decidimos qué información nos sirve y qué, no. Pero aún veo gente que se "rebota" cuando alguien expresa algo con seguridad, con determinación... Ellos se hacen un lío y lo juzgan. Lo interpretan, como si esa persona quisiera adoctrinarles. A mí ya me ha pasado, entonces me pregunto: ¿qué hacemos juntos si cree eso?, mejor que no hablemos si me tiene que estar juzgando. En mi caso no quiero adoctrinar a nadie solo quiero compartir lo aprendido. En el caso de que sintamos que alguien nos quiere adoctrinar, simplemente según mi opinión, le preguntamos.

Imagino el tener que aprender todo por mi cuenta, sería lentísimo sino aprovechase los descubrimientos de los demás, pero ya no veo con tan buenos ojos la educación impositiva.

Claro que la sociedad utiliza mucho esta frase:

Si no te obligase a estudiar, serías un tonto

Y yo me pregunto ¿se puede ser tonto en todo? ¡Vaya que no!, no lo comparto. Yo no soy un chico listo que digamos. Si me hacen una prueba de historia, matemáticas, o cualquier otra asignatura seguro que suspendo, jeje. A nivel académico no soy un lumbreras qué se diga, e incluso no sé ni escribir sin faltas de ortografía. Pero eso no me hace ser tonto, ¿verdad? Tengo otras habilidades por lo que muchos listos y ricos pagarían por ellas, jeje.

Entonces, me enseñaron o a lo mejor generé una idea, respuesta contraria a la imposición que es "resoplar" (pereza), cuando me hacen hacer algo de lo que no tengo ganas. Pero atenta, atento, aquí esta lo mejor.

Hemos hablado de que la pereza la genero cuando me obligan, repito de otra forma, cuando <u>alguien o una situación me obliga o me siento obligado a hacer algo</u>. ¿Pero qué pasa si soy yo mismo, mis pensamientos, mi educación... la que me obliga? Quiero decir que el mandato no viene de afuera sino de mi propia mente. ¿Cuánta veces no te has escuchado decir: necesito, tengo que, debo de…? Y a la vez o más tarde, generalmente un segundo después, jeje, decir: pufff pero no tengo ganas y otra vocecita después decir: pero tienes que… y empezar una lucha interna, que con suerte, muchas veces acaba rápido pero otras puede durar días, años o incluso toda una vida negándose, o cuidado, incluso recriminándose el haberlo hecho o no hecho. Imagina, solo estamos hablando de la pereza, y como te he dicho, esto de la mente es infinito… Pero tengo que resumir sino voy a escribir una enciclopedia de la mente, jeje. A ti lo que te interesa es saber cómo lo estoy logrando, como hago para "vencer" a la pereza. Pero espera un poco más. Respondiendo a la pregunta del inicio ¿se puede entrenar a la mente? Mi respuesta corta es: sí; la larga es, sí, tú puedes.

¿Cómo?, ¿yo puedo? te preguntarás. Pues es bien sencillo, a lo mejor tienes tan fuerte el programa PEREZA que aunque en un primer momento quieras, no puedas. Existe la posibilidad y lo he visto en muchos que <u>YA ESTÉS CANSAD@ DE APRENDER</u> y muchas cosas de las que emprendes te cuestan de finalizarlas o en la mayoría de casos imposibles de hacer. Entonces te digo: ¡sí!, estás preparado, lo tienes todo para entrenar tu mente pero la pereza te puede y no avanzas. Tómate tu tiempo para aceptarlo. Aceptar, que llevas tiempo sin cumplir tus deseos, anhelos o sueños. Que tus habilidades continúan siendo más o menos las mismas de hace años. Que hace muchísimo tiempo que no haces nada nuevo o no has aprendido nada nuevo. Te puedes engañar diciendo que ya estás bien, que no lo necesitas, pero tú y yo sabemos que no es verdad. Hay algo en tu interior que siempre resuena, anhelos, deseos, creatividad… lo que pasa es que los acallas con pensamientos contrarios para que no te molesten pero están ahí, esperando salir y cumplirse… <u>Solo si confiases más en ti, ¿verdad?</u> Ya hablaremos de eso, ahora vamos a ver cuántos sueños, anhelos, deseos… quedan por cumplir. Te propongo un ejercicio para que veas que no son tus capacidades, o el dinero o el tiempo los que bloquean tus sueños.

Este ejercicio en mi opinión lo podríamos hacer cada año para no esperar tanto a que nuestros sueños se cumpliesen. Ya existe algo parecido que son los deseos de año nuevo, pero ese, está incompleto. Vamos a ver uno que para mí sí que lo está. Puedes hacerlo como te guste más, escribiendo, grabándote, e incluso si quieres, con dibujos. Voy a utilizar la escritura, es gracioso, ¿verdad? Ah, claro, no sabes de qué hablo.

Años atrás, no podía escribir mucho sin desconcentrarme, me parecía que esto de escribir un libro era para personas "extraordinarias". De muy joven nunca pude escribir un diario, poesía o un simple artículo en un post e incluso escribir una postal de Navidad me resultaba "pesado". La tenía que copiar de algún sitio, no me salían las palabras. Después, de mayor, intenté hacer alguna cosa, pero tenía un bloqueo que no me dejaba escribir lo que tenía en mente. Mi bloqueo era que mis pensamientos eran mucho más rápidos que mi mano al escribirlos y me frustraba el no poder recordar aquello que quería expresar. Las ideas, frases venían a la cabeza como flases y después al escribir las primeras palabras ya no recordaba lo que quería expresar. Como digo, muy frustrante. Así lo probé varias veces sin resultados, hasta pensé que era negado para escribir, pero ya ves, este es mi segundo libro y quiero escribir muchos más porque me dan la oportunidad de compartir, de ofrecer al mundo lo aprendido. Un día meditando conecté con la llave que necesitaba para abrir la puerta de la escritura. Ahora no tengo que correr detrás de mis pensamientos sino que he logrado sincronizarlos con el trazo del bolígrafo, ellos aparecen más despacio e incluso si escribo más despacio ellos se emparejan y mi mente reduce su velocidad. Ahora tengo la habilidad de ponerle a la mente la velocidad que yo quiero, ella está de mi lado, Ahora siento esa conexión cuando escribo con algo más profundo de mí mismo. Y todo se lo debo a la observación, atención, concentración y meditación. Tengo la llave del aprendizaje y siento el poder en mí, el poder de hacer todo lo que me proponga (volar no, jeje). Por poner otro ejemplo de cómo LAS GANAS DE APRENDER me han ayudado y me ayudan a avanzar. Hablar en público, concretamente dirigirme a un grupo de personas que me mirasen y yo tener que explicar algo, me costaba, sentía un sudor frío. Cuando tenía que explicar algo a los demás, no como cuando estoy con amigos o te estás divirtiendo explicando chistes... no era muy timidito, eso no, pero en cierta medida cuando quería explicar mis ideas, compartir lo aprendido me costaba y cuanta más gente y desconocida estuviese allí, aún me costaba más. Tenía miedo de ser juzgado o que lo que estuviese diciendo no fuese lo correcto, tenía miedo a hacer el ridículo. Pero eso también ha cambiado, ahora tengo seguridad de expresar lo que siento, pienso sin miedo y he ido mejorando para no solo expresar lo que pienso o siento sino también de ponerle orden a los pensamientos, sentimientos... para que no salgan como un chorro sino que sean como el rumor de un río que te hace sentir paz, motiva...

Mi alter ego quiere compartir más cosas contigo, más capacidades adquiridas algunas fáciles de explicar como las anteriores y otras, hoy por hoy, me es difícil de ponerles palabras, pero aprenderé a hacerlo, aprenderé la forma de compartir lo inexplicable, jeje. Vivir la vida desde este punto, el aprendizaje te abre la mente a las maravillas de la vida. Escribir, compartir... en verdad no lo hago para que me feliciten, pero si lo hacen me encanta, jeje, lo hago para aprender. Cuando escribo conecto con lo más profundo de mí mismo, esa vocecita, mi voz interior me enseña, me muestra caminos, me ordena ideas… y lo hace mediante, este caso, la escritura. Cuando leo lo que mi vocecita me ha dictado, muchas veces pienso que ese, que eso no puede estar en mí que ese no soy yo. Cuando miro mi vida, con mis "aciertos" y mis "errores", cuando me miro en el espejo, pienso, me pregunto: ¿de dónde sale toda esa información? Es como llevar dos vidas al mismo tiempo: una como alumno y la otra como maestro. Todo está en mi mente, esas dos personalidades, jeje, como mínimo. Cuando mi alumno (ego) comete un error de interpretación de la vida, cuando solo piensa en él o cuando la ignorancia lo invade, ahí está ese maestro que lo mira con compasión, lo abraza, lo estima y le susurra:

- todo está bien, la próxima vez saldrá mejor.
- No es una equivocación es una oportunidad para aprender

Me siento querido respetado por ese otro YO, mi otra personalidad, la que quiere mejorar, la compasiva, la que me respeta y ama todo lo que hago, hacemos… sabe más que mi otra personalidad, la patosa. Mi voz interior me guía y me protege de mí mismo y de los demás… solo pensar en ella, las lágrimas caen de mis ojos y enturbian mi mirada, pero no necesito ver para escribir con el corazón.

Pero vamos al ejercicio, jeje, que me enrollo mucho.

EJERCICIO: "CONOCERME MÁS"

Te propongo sentarte en algún lugar especial, mágico para ti. Y hacer este ejercicio de autodescubrimiento. Toma una hoja y un objeto de escritura manual y adelante... jeje.

Primera parte

Remóntate a tu infancia y observa que sueños, deseos o anhelos tenías. Te ayudo un poco... Cierra los ojos, después de leer esto, jeje, si te sirve de utilidad. ¿Cuál es la primera imagen que aparece cuando quieres recordar tu niñez? Esa imagen mantenla en tu mente y desea ver más, deja que la película de tu infancia se muestre en tu pantalla mental. Relaja el cuerpo, no estés tensa, tenso. No quieras controlar lo que la mente te muestra, solo relájate y sumérgete en tus recuerdos. Cuando te sientas segura, seguro, cómodo introduce un pensamiento un deseo de ver. Por ejemplo desea ver que sentías a esa edad, desea conectar con tus sueños. No fuerces, solo deja que suceda. Si tu mente "salta" a otra edad y no quiere mostrarte esa etapa anótalo también. Intentar recordarte con diferentes edades. Puede ayudarte para este ejercicio, el tener imágenes tuyas de esos años. Mira la foto o el recuerdo de ti misma, mismo y simplemente deja que la mente te muestre lo que estás preparado para ver. Con el tiempo y la práctica iras recordando más y mejor, pero por ahora nos sirve lo poco que hayas anotado sobre tus sueños, anhelos, deseos... de la niñez. Intenta escribir, sino lo has hecho ya, una sola palabra. Mejor no poner frases sino una palabra descriptiva de lo que deseabas, soñabas...

Cuando las tengas, si te apetece, vas a intentar, sé que puede ser un poco difícil al principio, de aclarar, explicar para ti que significa esa palabra.

Pongo un ejemplo de una palabra y cómo hacerlo.

Pintar, esta es la palabra, pero claro, pintar puede tener muchos matices, así que voy a concretar, definir mejor mi sueño:

- ¿Qué tipo de pintura?
- ¿Qué grado de perfección?
- ¿A quién tengo de referencia, a quién me quiero parecer?

Este es un ejemplo, puede que en cada palabra aparezca con diferentes preguntas para ayudarte a definir lo que quieres, deseas, anhelas, sueñas…

En el caso de la palabra *pintura* el resultado sería este siguiendo el ejemplo anterior:

Quiero o deseo o anhelo o sueño… escoger la que más se acerque.

Mi ejemplo: Deseo pintar en acuarela y hacer retratos de personas. Me encantaría, desearía… hacer retratos muy buenos y muy parecidos. Me gustaría, desearía… pintar como mi amigo Juan.

Este es un ejemplo sugiero que al menos respondas a las tres preguntas clave para definir cada palabra.

- ¿Qué tipo de…, Clase de…?
- ¿Grado de perfección?, ¿meta a alcanzar?
- ¿Modelo a seguir? ¿Personaje, cosa… de referencia?

Al menos estas tres para que funcione el ejercicio. Como mejor definas cada palabra más fácil te será cumplirlo. Bien, si lo tienes, pasemos al siguiente apartado.

Segunda parte

¿Qué necesito para poder realizar, cumplir, mi sueño, anhelo...?

Ahora, continuaré con el ejemplo y utilizaré la palabra *pintar* ¿recuerdas?

Pues escribiría lo que necesito para pintar. Yo en mi ejemplo he mencionado acuarelas; pues si quiero realizar mi sueño, al menos para empezar necesito:

- La paleta, pinceles, botes de pintura, caballete...

Enumera todo lo que necesitas para cumplir tu sueño. Uno a uno, no todos de golpe. Aquí hablo de los materiales, pero pueden ser también inmateriales. Me explico. Yo además de los materiales necesito: confianza, paciencia... aparte de lo material ¿Qué necesitas más? Anótalo todo, no importa lo que sea o absurdo que sea, por favor anótalo. Con cada palabra (sueño) lo mismo.

Tercera Parte

Los tres reyes: Dinero, Tiempo y Motivación. Voy a empezar por la última, *motivación*, para explicar porque lo inmaterial (lo que escribiste tú como inmaterial) en mi ejemplo eran las palabras: confianza y paciencia, se puede incluir en la palabra motivación y ¿Qué es la motivación? Cuando dices, piensas y sientes desmotivación ¿a qué te refieres? Es importante que te respondas a esta pregunta, no quiero influenciarte.

Alguien podría decir como inmaterial:

- No puedo pintar sin que mi ser querido esté a mi lado. Pero resulta que está muerto.

Claro que pongo un ejemplo extremo pero es para probar si estoy en lo cierto, que todo es motivación. En este ejemplo no soy capaz de realizar mi sueño de pintar porque me falta una persona querida, ¿cierto? y te preguntarás: cómo puedo motivarme si no puedo cambiar el pasado, no puedo hacer que esa persona regrese. Aquí es cuando tenemos que ver una cosa, nuestra motivación se ve destruida por nuestra exigencia.

Nuestros sueños se ven amenazados por la cantidad de cosas que necesitamos para poderlos cumplir.

¿Pero es realmente cierto que no podemos realizarlos si no tenemos todo lo que pedimos? Tengo que separar aquí en este momento lo que siento de lo que pienso. Hay dos, y no solo una cosa, cuando hablamos de sueños, anhelos... Una es la emoción / sentimiento, que más adelante diré que son diferentes, pero por ahora las emparejo y la otra lo que pienso. Hay en cada sueño... una pareja de pensamiento y emoción/sentimiento. Puedo *querer* pintar y puedo *anhelar* pintar. Cuando digo la palabra *querer*, en mi caso siempre va asociada a mi ego, a mi personalidad. Cuando digo *querer*, puede que quiera pintar, y continuando el ejemplo anterior, puede que sea por envidia, o por reconocimiento, o por dinero, fama... ese es mi ego el que *quiere*, porque recibirá alguna recompensa a cambio. Pero cuando *anhelo*, sueño, esa es una emoción/sentimiento que no le importa los resultados simplemente lo hace por hacer. También en la mayoría de las veces se mezclan y nos es difícil saber qué parte es más fuerte. En el querer puede haber un poco de anhelo y en el anhelo un poco de querer. Te preguntarás para que nos sirve esto. Pues te lo explico, para saber que la desmotivación viene siempre de <u>un pensamiento que valora el esfuerzo a realizar con los resultados a obtener.</u> Si anhelas algo no te importan los resultados, entonces en este caso nunca estarás desmotivado. Si anhelas algo, ni el dinero, ni el tiempo te podrán frenar y el deseo se cumplirá, pero como he dicho antes, en todo deseo muchas veces existe un pensamiento de recompensa. Los humanos tienen un programa de hacer las cosas esperando el fruto, un resultado. Entonces la motivación sería lo contrario, hacer las cosas por el simple hecho de hacerlas o por el placer de hacerlas sin esperar nada a cambio. Se entiende por placer el disfrute de hacerlas. Jeje.

Regresemos un poco para atrás. He dicho que nuestra motivación se ve destruida por nuestras exigencias, que traducido con lo dicho hasta ahora, quería decir que nuestros sueños se ven amenazados, destruidos por nuestros pensamientos o ego. El ego, el que espera el fruto de todo lo que hace, es el destructor de sueños. Retomando lo dicho, en el ejemplo anterior, no puedo pintar si no tengo a mí ser amado a mi lado porque está muerto, entonces en este caso me preguntaría

¿Estoy seguro de que es un sueño o es algo que quiero?

Y… como hace pinta de que es *ego* me preguntaría:

¿Si tuviese lo que no puedo tener, cuál sería la razón, el motivo por el cual pinto?

Es importante saber de dónde viene el deseo, del ego o de algo más profundo. ¡Fíjate!, cuando tienes todo lo que quieres, estás motivada, motivado, pero solo que falle un ingrediente te derrumbas, tiras la toalla fácilmente y lo que deseas se queda en eso, solo algo que deseabas. Entonces, con lo dicho hasta ahora, y retomando el ejercicio, escribe en cada columna lo que necesitas.

Continuando con el ejemplo de pintar.

Dinero: 300 € iniciales para los materiales y 100 € al mes para pintar dos cuadros.

Tiempo: una hora diaria.

¿Qué te desmotiva? Anota que cosas te desmotivan, impiden cumplir tu sueño que no se puedan arreglar con dinero o tiempo. Yo aquí pondría lo del ser amado, o miedos, emociones…

Bien tenemos lo necesario para continuar.

Cuarta parte

¿Cómo conseguir lo necesario para realizar tus sueños?

¿Cómo pasar de la desmotivación a la motivación?

Pues lo más importante es centrarse, concentrar todos los recursos en una sola cosa a la vez. Tendemos a dispersarnos o a quererlo todo al mismo tiempo y dividimos los recursos en varias cosas y como es normal no hacemos ninguna bien. Si te parece vamos a escoger una sola cosa de las que has escrito en tu lista solo UNA. Ahora pregúntate si es posible realizarla, si tienes el dinero y el tiempo necesario para poder cumplirla. Evidentemente, no escojas ninguna que tenga desmotivación. Jeje… es obvio, cuanto más fácil lo pongamos para empezar mejor. Es pillarle el tranquillo y con el tiempo todos tus sueños se harán realidad.

Vamos a poner algunos ejemplos que son reales.

En mi caso uno de mis sueños es el de viajar por todo el mundo. Me encanta ver cosas, culturas, tener experiencias sin importar si son buenas, regulares o malas lo importante es tenerlas, aprender de ellas. Pues mi sueño, mi anhelo… requiere de tiempo y dinero, así que siguiendo el ejercicio que te propuse y que yo mismo hice, no podía realizar mi sueño porque no tenía dinero, ni tiempo y había un factor de desmotivación: el miedo. Pero como te he dicho, no es algo que yo quiera, que mi ego quiera, sino un anhelo. Siendo un sueño no hay obstáculos que no se pueden sortear. Lo primero que hice al ver mi ejercicio es centrar toda mi atención en viajar, para ello necesitaba tiempo y dinero, a la vez que tenía que deshacerme del miedo. Entonces centré toda mi atención y recursos en este menester.

<u>Tiempo:</u> el tiempo es relativo porque tiempo hay y lo tenemos todos, ahora falta saberlo administrar, saber repartir bien tu tiempo entre lo que realmente te importa.

Te explico un ejemplo. Un servidor, hace años de esto ya, trabajaba 18 horas enfrente del ordenador, fue una etapa dura, incluso había días que no iba a dormir. Así que ideé un plan para cambiar eso y disponer de más tiempo para el autodescubrimiento. Lo tengo explicado en mi anterior libro. El plan era y continúa siendo, sacar de mi vida, de mí día a día, todas las cosas que realmente ya no necesitaba. Me vendí todo lo que no necesitaba y me consumía recursos. Ideé un tipo de vida con menos necesidades y en definitiva simplifiqué mucho mi vida. Con todo lo que no me gastaba, con lo que ahorraba por tener menos comodidades, pude disminuir las horas de trabajo y gané tiempo...

Cuando miraba el papel del ejercicio todo estaba en contra, era muy difícil, parecía como si nunca pudiese salir del embrollo en el que me había metido. Hasta que encontré la piedra de roseta, la clave...
Esta sería mi respuesta corta, a cómo conseguir llevar a cabo mi sueño. La respuesta es: <u>bajé mi nivel de exigencia</u>. ¡Sí!, esa es la respuesta que te daría si realmente anhelas, sueñas con algo. Mira de buscar una alternativa, no te rindas, siempre y digo siempre, para mí hay una solución para cada cosa.
Mi sueño es viajar por todo el mundo y si tuviese más dinero, seguramente estaría todo el año viajando sin parar de un lado a otro, de un país al otro... pero como no es el caso, he tenido que fraccionar mi sueño en pequeños sueños. Ahora viajo unos meses al año, cuando puedo. Cuando ahorro dinero, me lo gasto viajando. El tiempo no es ningún problema, tengo todo el del mundo.
Lo que sí tuve que hacer, es sacarme miedos. Pasar de la desmotivación a la motivación. Cuando decidí viajar de forma económica, por todo el mundo y solo, aparecieron los miedos ocultos, escondidos, aprendidos... Los humanos tienen miedo a lo desconocido, pero esa clase de miedo es necesario para nuestra supervivencia, lo necesitamos para estar alerta. No son miedos absurdos, si no conoces algo tienes que tener precaución. La diferencia está en si el miedo te paraliza o

simplemente te mantiene alerta. Esto es para mí la única diferencia, entonces el miedo no es ni bueno, ni malo, es una respuesta automática de nuestra naturaleza humana a lo desconocido. Pero **si quieres que el miedo deje de llamarse miedo y se convierta en oportunidad, solo tienes que cambiar la palabra desconocido por conocido.** Es simple, le quitas el "des" y ya está, jeje. Pero dejo el tema del miedo para más adelante y me vuelvo a centrar en el ejercicio.

Te he puesto mi ejemplo a ver si te ayuda un poco a hacer tu ejercicio. Ahora vuelve a hacer lo de las columnas de: dinero, tiempo y desmotivación, pero vamos a poner una regla nueva.

Te hago el ejercicio con el tema de la pintura y verás qué es fácil.

Dinero: tenía un presupuesto de 300 € iniciales, y de 100 € al mes para pintar los cuadros, ¿te acuerdas? Pues la nueva regla es ver si puedo **reducir mis exigencias** respecto a lo que realmente necesito. Me explico.

Tenía pensado comprar una paleta, pinceles, caballete... Estas son las preguntas:

- ¿puedes comprar de segunda mano?
- ¿puedes pedir prestado?
- ¿puedes fabricar montar algo por tu cuenta?
- ¿puedes sustituir cosas por otras recicladas?

A lo mejor no necesito una paleta de pintar y un trozo de madera me sirve. O pintaré con los dedos si no puedo comprar pinceles, o me los inventaré. Puedo fabricar el caballete con cuatro maderas y clavos o a lo mejor ni lo necesito y apoyo el lienzo en algo. Puede incluso que utilice colores rupestres, colores que están en la naturaleza como antaño lo hacían...

Resumiendo, que se puede empezar si rebajas, reduces tus exigencias.

Que la comodidad de ir a la tienda y comprar el material cuesta mucho más dinero, quiero decir que la comodidad vale, cuesta dinero. Observa una cosa de tus sueños, cuántos deseos se han quedado por cumplir por no tener lo que tú querías. Imagina que yo hubiese desistido de viajar porque no tenía, porque no podía pagarme los hoteles de 3 o 4 estrellas... cuántas cosas me hubiese perdido. Yo me pregunté: ¿qué es lo verdaderamente importante?, dónde dormir, dónde comeré... o viajar. ¿Cuál es el anhelo? En mi ejemplo, ver mundo. No es un anhelo dormir en hoteles más caros y bonitos o como te he dicho más confortables, más cómodos. La comodidad es cosa del ego, a los sueños y anhelos no les importan esas pequeñas cosas, jeje.

Entonces ¿lo ves ahora?, ¿ves la diferencia entre quiero y anhelo, entre ego y digámosle alma? Ya hablaré de ellos más adelante también es extensísimo, jeje. Sí, sí, ya sé que todo lo dejo para más adelante tranquila, tranquilo hay páginas de sobra jaja.

Quinta parte

Reducir el grado de exigencia y diferenciar entre anhelo, ego dentro de cada sueño. Creo que el enunciado habla por sí solo.

Resumiendo: de cada palabra escrita (sueño) hemos, al menos, respondido a las preguntas (tipo, grado, perfección, modelo).

Hemos definido el sueño para que este sea más claro, y concreto. También hemos escrito en cada sueño, que cosas materiales e inmateriales necesitamos y después hemos clasificado esas cosas en tres partes (dinero, tiempo, motivación). Y al final, hemos continuado resumiendo, simplificando nuestras exigencias.

Ahora pues, volvamos a revisar nuestros sueños. Escojamos uno, mejor sería continuar con el que tenías pero si lo ves complicado utiliza otro, y reduce al mínimo tus exigencias. Recuerda, lo importante es el sueño no la comodidad. Bien, ahora ya sabes que bloquea tus sueños.

Explicar mejor, llenar más

Nota: Se puede dar el caso de que tenga sueños o no sepa diferenciarlos.

Ya estás cansado de aprender, la pereza te puede

¿Recuerdas?, nos quedamos aquí antes del ejercicio. Seguramente la pereza te pudo y no lo hiciste, ¿verdad? O puede que lo dejases a medias o a lo mejor te dijiste: - lo dejo para más adelante. Fíjate cuántas cosas tienes en el tintero para terminar. Empiezas muchas y son muchas que quedan a medias e incluso muchas ni las empiezas. Puede que te digas que no es pereza <u>sino falta de voluntad</u> o puede que digas que no te atrae. Nadie te ha obligado a comprar el libro, ni a leerlo, si está en tus manos y has llegado hasta aquí seguramente es porque buscabas la solución a algo, ¿verdad? El simple hecho de decir "no me atrae" o "no me apetece" es un buen comienzo para preguntarte a qué parte de ti no le apetece hacerlo. ¿Cómo sabes que no te atrae si ni siquiera lo has intentado? Seguramente esto te pasa con muchas cosas, ni las pruebas y ya te ves a ti mismo diciendo que eso no es para ti. Claro, entiendo que no hay que hacer todo lo que nos propongan, hay infinidad de cosas a hacer, pero ya que estás aquí leyendo puede, si no lo has hecho ya, solo puede que el ejercicio abra tu mente a nuevas posibilidades, opciones que no te habrás ni planteado. Hazlo si quieres, claro, está, cuando quieras y regresa aquí, a este punto.

La pereza, el ego quiere recompensa por sus esfuerzos y si no sabe ver que recompensa tendrá nos activa la pereza. En cambio, la FALTA DE VOLUNTAD, a mi forma de ver, es desconocimiento. Quiero decir, que si no sé porque tengo que hacerlo o dicho de otra forma, no entiendo porque he de intentarlo, no tendré voluntad. La falta de saber es igual a la falta de voluntad. Si sabes, entiendes porque tienes que hacer algo, la voluntad está ahí, sin hacer esfuerzo aparece. Yo me pregunté: ¿por qué tengo voluntad en algunas cosas y en otras no? Si no tuviese, no tendría en nada. Ah, eso quiere decir, que no entiendo lo que es la voluntad, y qué parte de mi mente genera esa energía para convertir los pensamientos en acciones.

Tenemos la pereza y la voluntad, dos opuestos. En mis observaciones he podido ver que no me sirve luchar contra la pereza sino que mi mejor herramienta es poner más sabiduría. Sí comprendo porque tengo que hacer las cosas, si sé el motivo, no me cuesta nada pasar a la acción, de lo contrario, todo se hace cuesta arriba. Entonces mi conclusión es:

Si quieres hacer desaparecer la pereza de tu vida pon más sabiduría.

Este "truco", si se le puede llamar así, lo utilizo con todo. No lucho por... sino que me enfoco en... Si quiero tener menos miedo, no lucho por sacar el miedo, sino que pongo más información en mi cabecita, aprendo sobre lo que me da miedo, me vuelvo más sabio sobre aquello que quiero debilitar en mí. Si quiero tener más paciencia ya no lucho contra mis impulsos nerviosos, sino que ejercito más y mejor el estar en paz. Si quiero comer menos, no luchó contra la comida, contra mis ansias de comer, sino que me informo mejor sobre los alimentos y de cómo me sientan. Todo lo que hago es dejar de luchar y lo reemplazo por sabiduría o dicho de otra forma, refuerzo la parte positiva de lo que quiero mejorar. Porque cuanto más lucho, más tiempo paso con esos pensamientos negativos. En cambio, si dejo de luchar y me enfoco en lo que quiero mejorar, con el tiempo, como no alimento LO QUE NO QUIERO esas partes se vuelven más débiles. Lo nuevo y positivo, al alimentarlo cada vez más, se refuerza y sobresale por encima de LO QUE NO NECESITO y me estorba o he decidido que es un hábito viejo, antiguo…

Entonces, ¿cuándo fue que tiraste la toalla?, ¿cuándo te cansaste de aprender?
Pues en mi caso, fue cuando después de luchar mucho, por cambiar mis hábitos, mi conducta… no conseguía avances. Sí que es verdad que durante algún tiempo mantenía a raya mis hábitos de pereza, miedo… pero el esfuerzo era tan enorme, que más tarde o temprano ellos volvían a resurgir. Si fuerzas, puede que te obligues a hacer algo durante mucho tiempo, pero como no entiendes, no sabes… o el motivo no es un anhelo sino un quiero, en el trascurso del tiempo todos regresamos a nuestros antiguos hábitos.

Pongamos un ejemplo muy famoso, el de hacer ejercicio físico. Un día te estás mirando en el espejo y no te gusta lo que ves, jeje, y decides empezar a ir al gimnasio o lo haces por tu cuenta. ¿A quién no le ha pasado? El impulso inicial es muy grande, estás motivada/o y lo consigues, cada día o unos días a la semana haces ejercicio. Coges una rutina y no las sueltas. Eso sí, hay días en que no tienes ganas de hacerlo, pero sacas fuerzas de flaqueza y continúas. Esto puede durar de meses a años… Pero llega un momento, un día en que no tienes ganas y te quedas sin hacerlo, parece que no ha pasado nada porque los próximos días vas al gimnasio igual o haces gimnasia igual pero llega otro día en que no vas por el motivo que quieras, justificado o injustificado y, qué más da, el resultado es que dejaste de hacerlo y no sabes cómo, pero vuelves a estar delante del espejo diciéndote: - tengo que hacer ejercicio. Después de varias rondas de hacer y dejar de hacer, llega un día que estás otra vez enfrente del espejo y te ves a ti mismo convenciéndote de que ya estás bien como estás, que para qué hacer ejercicio. Y a todos los que intentan hacer lo que tú has intentado durante tiempo los desmotivas diciéndoles que no vale la pena, que no sirve para nada. Evidentemente, este es un ejemplo, pero seguro que sabes de lo que hablo. Cuántas veces lo hemos intentado y ha podido con nosotros. Al final, el resultado es que ya estamos cansados de intentarlo y **nos hemos cansado de aprender**. Pero si te dijese que es normal que no lo consiguieras. Es normal que los viejos hábitos ganen la partida, porque desde un principio, desde la primera ronda, empezaste con desventaja. Los viejos hábitos llevan contigo muchos años y son muy, muy poderosos. ¿Cómo quieres vencerlos, luchando contra ellos?

El luchar no es la solución, según mi punto de vista y experiencia.

¿QUÉ ES EL EGO? PERSONALIDAD Y EDUCACIÓN

¿Ego = educación recibida/adquirida?

Ahora es un buen momento para hablar de ello, de una parte de nosotros que es, según mi forma de entender la vida, consecuencia del aprendizaje. Toda forma de vida que tenga capacidad de aprender tendrá ego, carácter, personalidad... Digámosle como mejor entendamos, yo utilizaré mayoritariamente *ego*, es más corto jejeje.

El *ego* es la reacción de nuestra mente a los estímulos sensoriales, al aprendizaje. Pongo un ejemplo: Hay dos personas sentadas en un mismo banco en un parque. Vamos a decir, aunque ya he dicho antes que es imposible, que las dos tienen el mismo cerebro y mente, partimos de igualdad con la misma información. Mientras nuestro sujeto B está sentado dando de comer a las palomas felizmente, el sujeto A, ve un asesinato unos metros más allá. No hace falta alargarlo más, en ese preciso instante nuestro sujeto A (de Asesinato) ha recibido unos estímulos en este caso, impactantes, que harán que su vida sea diferente. En cambio, el sujeto B (de Bonachón) no tendrá miedo de ir a dar de comer a las palomas otra vez por mucho que el sujeto A le expliqué todo lo que ha visto. Este, al no recibir esos estímulos, no lo verá igual.

He aquí lo dicho anteriormente, no creo que puedan existir dos mentes iguales porque la información, los estímulos recibidos, no pueden ser idénticos e incluso si los dos sujetos viesen el mismo asesinato, no reaccionarían igual.

Bienvenido al mundo de la educación; para mí la educación es todo lo que he aprendido, no importa si me lo han enseñado en la familia, en la escuela o ha sido la vida o las circunstancias de la vida las que me lo han enseñado. El resultado es el mismo: tengo, dispongo de una información; después veremos sin más o menos verídica o cierta.

Vamos a hacer <u>un viaje por la vida de una persona,</u> o si quieres, por la tuya o por la mía, jeje, veamos si hay diferencias.

Llevemos la consciencia o si quieres, a lo que llamamos vida, al espermatozoide de nuestro padre. Imaginemos que ese espermatozoide que fuimos y somos, porque está en nosotros, es como un grano de arroz. Si cogemos un grano de arroz y lo enterramos en la tierra, con la humedad y condiciones idóneas saldrán raíces y con el tiempo puede que una planta que dará frutos, otros granos de arroz, con el mismo potencial de hacer florecer a la vida. Vamos a imaginar… pues que el espermatozoide necesita de unas condiciones para crecer, reproducirse… ese sería el grano de arroz y que la tierra fértil es como el óvulo de la mujer. Los nutrientes están en la madre igual que en todas las tierras fértiles hay los nutrientes necesarios para que pueda darse la vida. Cuando el óvulo es fecundado por el espermatozoide le empiezan a salir raíces; no, no es broma, jejeje, empieza la división celular… óvulo y espermatozoide son ahora uno, los dos sufren una trasformación, podríamos decir una muerte, para convertirse en un potencial ser humano. Los dos, óvulo y espermatozoide, desaparecen como entidades particulares para formarse en una sola, pero el óvulo resultante alberga a las dos energías (masculina y femenina) entrelazadas, fusionadas y no las podemos diferenciar, igual que hubiésemos mezclado agua con sal, no vemos la sal pero ahí está. Sigamos con el cuento, jejeje, en ese momento de la Unión sucede algo espectacular, yo lo llamaría Big Bang celular. Para mí, todo empieza ahí. Se crea la parte de la luz y la parte de la oscuridad, división celular, después cada una de las partes se divide en dos y así hasta que la edad de crecer se para, se detiene y empieza la disolución celular...

Bien, quedémonos en el principio; para mí, y no lo puedo demostrar, en este momento de la Unión del óvulo y el espermatozoide, ahí, en ese preciso instante, empieza nuestro aprendizaje celular. El óvulo recoge la información, la carga genética del espermatozoide y este la del óvulo. Más adelante hablaré de la memoria y del paso de la memoria celular; sí, sí, más adelante, jeje.

Toda esa información genética crea a los primeros obreros para crear los diferentes sistemas, primero, las células madre. Una vez los sistemas, las carreteras, están preparadas y el puesto de control, el cerebro, está listo, ya podemos almacenar información del exterior por medio de los sentidos y en ese momento, en ese preciso momento, que nace nuestra mente es cuando también nace nuestro ego.

No puedo demostrar nada, pero ese soy yo, jeje, así funciono, en un mundo imaginativo. Todo el cuerpo humano se va desarrollando en el interior de nuestro propio universo. Cuando cada uno de los sentidos está listo para funcionar recibimos nueva información del exterior. Sentimos el movimiento, el equilibrio, oímos, saboreamos, ¿olemos? pues no estoy seguro, no me acuerdo del olfato, jeje. Y toda esa información se almacena ya incluso antes de nacer en nuestra mente en la zona/s llamada memoria. Todo lo sucedido en la barriguita de nuestra madre, también en el exterior e incluso sus emociones, ha dejado una huella en nosotros, hemos formado un carácter. Pero ahí no se acaba, el nacimiento es otra gran experiencia y la huella que deja acentúa a nuestra personalidad.

Quiero compartir una observación, **fíjate que aunque no queramos aprender, la vida en sí misma, el vivir, ya es un aprendizaje** y todos los estímulos recibidos moldearán nuestro carácter. Estoy enamorado de la vida, de este sistema. Cuanto más descubro, más me maravilla. Está todo tan bien conectado a mi forma de ver, funciona también, es increíble...

Entonces no importa si quieres o no aprender, la vida no te dejará parar. Ya hemos regresado otra vez al aprendizaje, al entrenamiento...

Dicen que nuestro cerebro recibe millones de estímulos a diario, no importa si somos conscientes o no, ahí están y estos, de una forma u otra, cambian, cambiarán nuestra forma de pensar y reaccionar. Cambiarán, moldearán nuestro carácter. Hay grandes eventos que han marcado un antes y un después en nuestras vidas. Lo recordamos y podemos incluso revivirlos, pero eso solo es una pequeña, mínima porción de lo que recordamos. Diría que incluso son más útiles a nivel de saber quiénes somos, todas las cosas que no recordamos. Te haré unas preguntas: ¿Sabes por qué haces lo que haces? Cómo reaccionas a según qué situaciones, o por qué piensas lo que piensas, por qué actúas de la manera como actúas. Cómo sabes que es bueno o malo. Cómo sabes qué es lo correcto o incorrecto. ¿Puedes estar seguro, segura de que estás en lo cierto? ¿Quién eres en realidad y quién te gustaría ser en realidad?

No he cambiado de tema, continuamos viajando por la vida de una persona, no importa si es más lista, con deficiencias físicas o emocionales... Todos tenemos un carácter, la forma en la que reaccionamos al percibir la vida.

Percibir para mí es la forma en la que interpreto la vida.

Puede que seamos muchos los que estemos viendo llover pero no lo viviremos igual, lo percibiremos diferente, nuestros sentidos recibirán esos *inputs* pero nuestra mente no los interpretará igual. También decir que, tu vista y la mía, no funcionan igual. Que mi sensibilidad y la tuya pueden ser muy diferentes... Así con cada uno de los sentidos y la belleza de las cosas, lo que tú crees bello, a lo mejor no se parece en nada a lo que yo pienso que es bello. Me gustaría remarcar esto, **que cada uno interpreta la vida a su manera.** Pues si estás de acuerdo, entonces dime por favor, ¿quién eres? ¿Has elegido conscientemente como quieres reaccionar a las situaciones que te presenta la vida? o ¿tus reacciones son impulsivas, aprendidas...? y aunque no te gusten muchas cosas de ti crees que no puedes cambiarlas o dices - yo soy como soy y nadie me cambiará.

Mi respuesta a ¿Quién eres ahora?: ahora soy quien he decidido ser. Llevo años observando mi conducta, mi forma de hacer las cosas. Me he observado en diferentes situaciones y circunstancias, también he observado mis pensamientos y deseos, así como también mis sueños y anhelos. He investigado sobre todo lo que he comentado y he podido observar que hay un sentido más, el sentido de SER.

Este sentido viene impregnado en todas mis células, para mí por poner un ejemplo, me es imposible el matar por el placer de matar. Si tuviese que hacer algo así, tuviese que cambiar mi personalidad para ser ese tipo de persona, **no podría aunque quisiese**. Cuando voy en contra del sentido del SER me encuentro mal. También podría llamarlo como se suele utilizar: no puedo ir en contra de lo que me dicta el corazón. **Puedo forzar o aparentar lo que no soy, pero eso me hará enfermar.** Ya lo he probado. Tuve una personalidad que no me hacía ser feliz. Mi forma de reaccionar en la vida, en muchos casos era diferente a lo que me dictaba el corazón. La mente me obligaba a hacer cosas que luego me dolían en el corazón. No quería hacerlas, pero ella (la mente), me engañaba con pensamientos confusos sobre el bien y el mal. Por ejemplo, me decía que mintiera para conseguir una recompensa o para protegerse a ella misma; qué actuase con violencia porque me estaban insultando y eso no tenía que permitirlo. También me aconsejaba que no hiciese nada por otra persona, -ese es su problema no el tuyo-, o -cómete esto que está buenísimo- aunque después te haga daño o no vale la pena perder el tiempo meditando, eso es mentira... Tantas cosas que ella (la mente) hace y van opuestas a lo que siento... Pero la cosa cambió cuando empecé a practicar. Vi lo que ella era y lo que yo soy. Empecé a escuchar al corazón, aquí está la respuesta a tu pregunta, y empecé a REPROGRAMAR mi personalidad.

El sistema que utilizo es escuchar al corazón, que yo llamo mi voz interior, y reeducar a la mente, la personalidad, el carácter... utilicemos el nombre que más nos guste, para ponerla al servicio del corazón. Después de muchos años, no lo he conseguido al 100 % el ego es tan, tan poderoso, los viejos hábitos son tan fuertes, que para cambiarse a uno mismo requiere de mucho tiempo. Pero estoy en ello, cada día avanzo, he logrado un estado de paz interior que me permite una vida más acorde a lo que siento, más cercana a mi voz interior y esa paz, me da felicidad real.

Es cierto lo que piensas, no se puede ser feliz todo el rato. Estoy de acuerdo. En este momento no soy feliz todo el tiempo, pero con el aprendizaje he conseguido que si antes el estado de desconexión conmigo mismo era largo o incluso larguísimo, ahora me percato del juego de la mente, en muchas ocasiones, y regreso a mi estado natural de paz interior. Ese es el resultado de los ejercicios de concentración: ampliar la capacidad de autoobservación y "pillar" a la mente cuando va en contra de lo que se siente; porque si la "pillas" puedes cambiarla. En mi opinión no puedes cambiar aquello que no sabes que puedes cambiar. Si no tienes una referencia ¿cómo sabes que está bien o mal? Pues mi reflexión fue la de utilizar la voz interior como referencia para saber que está "bien". Si al actuar conforme lo que pienso (la mente), siento un malestar, una sensación de vacío, como si no hubiese actuado conforme al corazón, esa sensación me dice, que ese pensamiento es incorrecto y mejor cambiarlo. Pero decirlo, escribirlo, es más fácil que hacerlo. Jejeje

Compartiré mi método con vosotr@s, este sistema me sirve y me funciona perfectamente, pero hay que entrenar diariamente. Si lo conseguís sin entrenar, por favor, compartirlo conmigo, gracias.

Todo método empieza con un punto clave, este, el que utilizo se basa, ¿a ver si lo adivinas? Sí, acertaste, es el poder de la concentración. Para cambiar algo como he mencionado antes, primero hay que saber el qué. No todo lo que está en nuestra mente es incorrecto o no sirve, nada de eso, hay un montón de información que sintoniza con el "corazón". Lo mejor es revisar qué sirve y que no, qué parte del ego hay que dejar de mirar, nos estorba, nos hace sentir mal... y qué parte hay que potenciar. Hay que cambiar, reprogramar, reeducar, si queremos, jejeje, claro, está. Personalmente me gusta mucho la palabra educar. Volver a enseñar a mi mente una nueva forma de reaccionar, esto lleva tiempo y no creas que la mente se va a dejar educar fácilmente, nada de eso. Intentará convencerte de que todo está bien, pero mira una cosa, qué lista es, jejeje. Si quieres hacer una cosa nueva, normalmente, intentará convencerte de que es mala idea, qué lo dejes, qué no merece la pena, qué es muy difícil... y si no le haces caso y sale mal, no parará de atormentarte, criticándote de por qué no le has hecho caso (remordimientos). Pero muy a menudo es lo contrario, no quieres hacer caso de sus locuras y luego te está criticando de por qué no lo has hecho, jaja; parece de locos, ¿verdad?, ella nos bloquea y luego ella nos culpa, pero tranquilo/a, no estamos locos, eso es su naturaleza, la de llevar la contraria, siempre opuesta a lo que quieres, deseas, anhelas. Su naturaleza es la de ser cauta y precavida... tiene que proteger el medio en donde habita, el cuerpo. El miedo es necesario para sobrevivir pero la mente se confunde y a todo lo nuevo le tiene miedo, es natural. Pero podemos entrenarla para que cuando escuche la palabra nuevo, desconocido... entre en modo de protección pero que no se bloquee.

La práctica que recomiendo: aprender a concentrarse

Los ejercicios empiezan con un simple saber estar, sin hacer nada. Sentados en algún lugar, observando a nuestro alrededor y a poder ser, también lo que pensamos, sentimos... Cuando estemos cansados o a los 20 minutos, nos levantamos y vamos a dar una vuelta. Si nos apetece podemos repetir esta primera fase otra vez. Lo que buscamos es ver si tenemos la voluntad de hacer este ejercicio durante un mes; cada día un mínimo de 20 minutos practicaremos el hacer nada. Creo o he intentado expresarte lo importante que es aumentar la capacidad de concentración. Si hemos sintonizado y has comprendido no creo que te falte motivación, de lo contrario no pasa nada, la información ya está en ti y es cuestión de tiempo que germine y florezca. Todo está bien. Al final del libro he dejado escritos muchos ejercicios de concentración elige el que más te guste, pruébalos todos o alterna, no importa, todos cumplirán con su misión, enseñarte a concentrarte mejor de lo que lo hacías.

Bien, esto solo es un aperitivo para que hoy mismo empieces, si realmente entiendes que para cambiarse a uno mismo se requiere de mucha habilidad, yo solo conozco este sistema para lograrlo, para entrenar la mente. Para no dejarte a medias y para cuando o durante los entrenamientos tus habilidades sean aceptables, te comento los siguientes pasos:

Corrección: Esta es esencial para reeducar al ego, pero vamos a ver de qué se trata.

Para mí es importante no esperar a más tarde o a mañana para corregir una acción, reacción… del ego que me ha hecho sentir mal, en el momento que lo detecto me paro, respiro y corrijo. Aquí hay algo importante para explicar: "en el momento que lo detecto".

Está claro, que si no lo detecto no podré cambiarlo, porque no soy consciente de ello, del dolor que me produce. He observado en mí, que hay 5 pasos por los cuales la consciencia pasa hasta darse el momento en que la reeducación surge efecto, hasta que actuamos acorde a lo que sentimos.

Los 5 estados de la conciencia

- **el primer estado** en el que empezamos todos es: el que no somos conscientes de lo que sentimos, somos ignorantes.

- **segundo estado**: aquí cambia gracias a la observación o gracias a que alguien nos lo ha comentado. En algún momento, suele ser lejano, nos percatamos de lo que hemos hecho. Somos semiconscientes de nuestros desafortunados actos o pensamientos.

- **tercer estado**: gracias a que vamos entrenando, sin entrenamiento es más difícil, el tiempo en "darse cuenta" se acorta. También puede darse a veces, que solo al acabar de realizar la acción o pensamiento nos demos cuenta, seamos conscientes de lo que hemos hecho o pensado.

- **en el cuarto**: ya somos capaces de ver nuestros pensamientos, observamos qué estamos pensando o lo que estamos haciendo. Somos conscientes de que si seguimos por ese camino, la vamos a lijar, jeje. Pero la mente es poderosa y en este estado aún no somos capaces de parar nuestras acciones y caeremos en la "trampa" de los pensamientos o emociones.

- **el quinto**: se parece al cuarto pero en este estado, somos capaces de frenar nuestras acciones o pensamientos y de recobrar nuestra paz interior. Con el tiempo, el nuevo hábito será permanente e inalterable y nunca más regresaremos a la ignorancia total o parcial.

Como ves no es simple y requiere de mucho entrenamiento, tiempo para cambiarse a uno mismo pero merece la pena el "esfuerzo amoroso" ya que el estado que alcanzaremos, es una conexión corazón-mente, mucho más fidedigna que la que llevamos de serie.

Aparte de lo mencionado, existe otro apartado que sería interesante entrenar. **Es ver / observar lo que siento**, sin tener que esperar a un desafortunado momento de tensión, culpa remordimiento... dale el nombre que quieras, pero es ese estado en el cual nos sentimos fatal, por lo que hemos hecho alguna vez o por lo que creemos que somos.

El ejercicio es mental y visual, si no eres de los que les gusta visualizar no te preocupes, con un poco más de trabajo se puede hacer sin tener que visualizar. Lo dejo para después. A los que sí o tengan habilidad propongo que os sentéis cómodamente y proyectamos imágenes en nuestra mente de situaciones que recordemos en las que perdimos la paciencia, nos pusimos más nerviosos de la cuenta, nos culpamos de algo… en definitiva, creemos que esa situación nos hizo sentir mal o perdimos nuestra paz interior. Pues proyectamos esas imágenes y vemos cómo nos sentimos al revivirlas. Una vez observada la "película de nuestro pasado" nos preguntamos: si volviese a suceder ¿cómo nos gustaría reaccionar, cómo sentimos que deberíamos actuar? y cuando tengas la respuesta nos ponemos otra vez en esa situación que nos hizo sentir mal pero esta vez cambiamos aposta nuestra reacción y nos visualizamos haciendo, actuando conforme nos hace estar en paz, "de corazón".

Simple, ¿verdad?, pero muy efectivo. A mí me ayuda mucho, no tengo que esperar a que la vida me lo ponga otra vez enfrente, puedo poner casos hipotéticos o reales para saber cómo me siento. Hay otro ejercicio para hacer, similar a este y lo hago cada noche, bueno, casi, jeje.

Reeducación en 4 pasos de 5 minutos

Para los no visuales más adelante, jeje.

Este ejercicio es mejor hacerlo antes de acostarse por los motivos que ya veremos. Combina todo lo necesario para ejercitar la mente: relajación, observación, sentir, memoria, visualización y reeducación. ¡Vamos allá!

Antes de empezar escoge un momento del día en el que creas que no actuaste como te hubiese gustado. Un conflicto en el que te sintieras mal contigo mismo y guárdalo para más adelante que lo utilizaremos.

1. **Túmbate y relaja tu cuerpo**. Empieza por los pies y ve subiendo, relajando la musculatura. Relaja la respiración y en la medida de lo que puedas, tu mente. Deja tus ojos abiertos y todos tus sentidos despiertos, **observándolo todo**. Intenta mirar todo lo que tu visión alcance pero no te muevas, solo mueve los ojos no la cabeza. Siente la temperatura exterior, siente el cuerpo, el peso, huele, saborea y escucha todos los sonidos que puedas. Llénate de estímulos y cuando se te haga aburrido o a los 5 minutos (aproximadamente), cierra los ojos y siente internamente.

2. **Siente tus órganos internos**: intestinos, estómago, hígado, páncreas, bazo, diafragma, riñones, pulmones, corazón… ahora céntrate en el corazón y siente los latidos, siente la sangre circulando por las venas, las arterias… siente las células de tu cuerpo, siente lo más profundo que puedas... Cuando no puedas descender más cambia al tercer paso.

3. ¿Recuerdas que escogimos un recuerdo antes de empezar?, pues ahora es el momento de utilizarlo. **Intentaremos enfocarnos en ese recuerdo**, en ese momento con la máxima precisión que puedas recordar. Por favor, no cambies nada, intenta recordar que pasó realmente, que dijiste, hiciste, pensaste... y lo mismo con todo lo que te rodeaba. Si había otras personas involucradas, recuerda que dijeron, cómo actuaron... intenta recordar todo con el máximo detalle y cómo te sentías o pensabas. Al finalizar pasa al cuarto paso.

4. Vamos a hacer lo mismo que en el tercer paso pero esta vez, **vamos a cambiar el guion de la película**. Ahora, en esta nueva película mental, tú vas a actuar como te hubiese gustado. Vas a recordar lo sucedido, pero en el momento en que tú actúas lo haces según te dicte el corazón. Todos los demás actores hacen lo que recuerdas, pero tú te ves, te ves actuando, respondiendo, pensando… cómo te hubiese gustado hacerlo.

El mismo ejercicio pero con modificaciones por si eres menos visual, nada visual o quieres probar esta otra alternativa.

Vamos a empezar por los puntos 3 y 4. Utilizaremos la escritura para recordar lo que pasó. Se tiene que escribir una situación en la que no actuaste como te hubiese gustado o te causó dolor o simplemente te gustaría mejorar... Escríbela con el máximo de detalles. Una vez hayas finalizado, vuelve a escribir la misma situación pero con tu parte, con lo que tú hiciste, lo vas a mejorar y escribirás cómo te hubiese gustado reaccionar. ¡Importante!, únicamente cambia tu parte, no la de las demás personas o cosas. Como si fuese un guion en una película, cambia solo la parte que te toca, los demás actores reaccionan, hacen... lo mismo que tú recuerdas, no lo cambies. Una vez hayas acabado, relee de nuevo lo que has escrito y haz correcciones si así lo deseas. Cuando todo esté, túmbate y haz el paso uno y el paso dos del ejercicio anterior: el primero es observar el exterior, el segundo es observar el interior. Al llegar al tercer paso, no necesitas visualizar nada, únicamente trata de recordar lo que escribiste y lo mismo con el cuarto paso. Únicamente necesitas recordar lo que puedas, no te preocupes si no te acuerdas muy bien, vuelve a leer el tercer y cuarto paso y repítelo todo. Con la práctica todo irá mejorando.

Haciendo este ejercicio cada día o a menudo sucederá algo "mágico". Estamos entrenando a la mente a actuar de forma en qué sentimos, desde "el corazón". Te estás reeducando, estamos educando nuestras acciones futuras con nuevas formas de pensar, <u>más cercanas o totalmente cercanas,</u> a lo que sentimos. El simple hecho de vernos mentalmente, escucharse los no visuales, haciendo lo correcto, con el tiempo eso nos ayudará a programar nuestras reacciones, nuestros hábitos. ¿Te acuerdas de los 5 pasos de la conciencia? pues con este ejercicio los estamos acortando, <u>estamos acelerando</u> el proceso de aprendizaje. Al hacerlo cada día, reforzamos lo que queremos ser, como queremos ser y actuar.

La vida nos presenta opciones, retos, desafíos... Cada día ella no para de enseñarnos, pero podemos aprender con el simple dejarnos llevar, que la vida nos enseñe a su ritmo, por el paso del tiempo prueba y error o por la voluntad de entrenar. Tanto si queremos, como si no, las dos suceden. Las cosas que no sabemos, que aún no, nos hemos dado cuenta o no están claras, esas, con el tiempo saldrán a la luz y hay cosas que son tan claras que tenemos voluntad de entrenar y cambiar, esas, con el tiempo se mejorarán. Pero hay otras situaciones, la mayoría, en las que sabemos que queremos cambiar pero se repiten una y otra vez, cayendo en el mismo aprendizaje repetidamente. Son situaciones en las que sabemos que no actuamos "correctamente" según nuestro sentir, pero la mente habituada a reaccionar de forma automática nos mete de nuevo en esas situaciones incómodas, desagradables, e incluso muchas veces dolorosas porque nos hace actuar en contra de lo que sentimos. **Es aquí en donde este ejercicio** nos puede dar alas y acortar ese aprendizaje de la mente. No necesitamos que la vida nos ponga de nuevo en esas situaciones, más de lo que necesitamos para aprender, podemos mejorarnos entrenando antes de que suceda.

Un ejemplo claro, físico, sería el de un corredor de carreras a pie. Si fueses su entrenador <u>lo más lógico</u> sería que le aconsejarás entrenar antes del campeonato, ¿verdad? y te pregunto: ¿por qué le aconsejarías que lo hiciese? Evidentemente, esa es la respuesta que por lógica está en tu mente, **el entrenamiento** nos mejora para esa situación.

Entrenar significa repetir varias veces una cosa para aprender. La suma de repeticiones nos aporta mucha más información que si únicamente lo hiciésemos una vez. A eso, yo lo llamo o muchos lo llaman **experiencia**. Dime, ¿la vida es experiencia? - pues claro, que sí, si nos fijamos bien, nuestra vida está llena de repeticiones, entonces nos podríamos preguntar: ¿para qué? ¿Para qué repetimos tanto las cosas? ¿Qué ganamos en aprender?, o incluso ¿para qué vivimos?

Lo dejo también para más adelante, jeje. Sí, lo sé, más adelante hay mucho que aclarar, pero todo a su tiempo, ahora nos quedamos por aquí.

Pues como te he explicado, en toda nuestra vida no paramos de aprender. Nuestra mente tiene muchísimas funciones, podemos decir que la mente es el ego pero esta también puede dividir el ego en pequeñas partes o personalidades. La mente sería como una casa y las habitaciones, cosas que suceden en ella. La mente es un conjunto de "cosas", lo mismo que una casa es un conjunto de "divisiones" llamadas habitaciones. Vamos a ver unos cuantas, las que me han salido, pero son infinitas…

MI MAPA MENTAL Y PROCESOS MENTALES

¿Qué es, qué son...?
El pensar, el recordar, el imaginar, el visualizar, la creatividad, el calcular, el razonar, la memoria, las emociones, los sentimientos, la voluntad, el sexto sentido, la voz interior, la realidad o la irrealidad de las cosas, los sueños, las alucinaciones, el consciente, el subconsciente, el sistema simpático y el parasimpático, la glándula pineal, el ego en minúsculas y el EGO en mayúsculas, el espíritu, el alma, el aliento…

Voy a explicar cómo funciona mi mente utilizando mis propias palabras, ideas, conceptos... Mejor no lo compares con el diccionario sino acabarás loco, jejeje. Es una visión personal, una "interpretación" de lo que mi mente es, cómo está dividida y qué hace u ocurre en cada división. Voy a utilizar el símil de una fábrica con apartados, secciones... para acercarme más a las personas que no tienen costumbre de hablar de estos temas porque se pierden con tanto nombre raro o complicado. Vamos a ver mi mapa, plano mental, conceptos y definiciones relacionados con la mente.

Vamos a situarnos, para no perdernos, en una fábrica donde suceden muchas cosas y hay muchos departamentos o secciones encargados de manejar toda la información, situaciones, etc. Y los voy a intentar relacionar con lo que pasa en mi mente.

Lo primero que hay que ver es que una fábrica se construye con un propósito, evidentemente, el de fabricar algo en ella. En la fabricación intervienen muchas personas y máquinas... y estas están divididas en grupos, secciones, apartados... para que sea más eficiente se fracciona el trabajo. Por ejemplo: está el área de contabilidad y esta a su vez se divide en un departamento de compras y uno de ventas. Como por ejemplo, en la mente también hay un área dedicada al cálculo. Esto se entiende bien ya que estamos acostumbrados a agrupar cosas para ser más eficientes a la hora de producir algo. Imagina una cocina en la que los fogones estén en una punta de la habitación y el fregadero en la otra, no, nos es muy útil, ¿verdad? Los humanos tienen tendencia a agrupar las cosas para que sea más fácil el trabajo. Pues bien, eso, según mi opinión, viene de serie porque antes de que naciéramos la naturaleza ya tenía un plan para nosotros y se llama cerebro. El cerebro también está dividido en zonas, encargadas cada una de ellas de alguna función necesaria para la vida. Lo vuelvo a repetir porque es importante, hablaré de funciones, no de espacios. Siguiendo el ejemplo de la fábrica hablaré de que hay un departamento de contabilidad, pero no voy a hablar de su ubicación dentro de la fábrica. Se ve, ¿verdad? Jeje, para hablar de eso necesito estudiar neurología, jajaja.

Pues empiezo con el cine y voy explicando, comentando cada departamento. Entonces la fábrica diría que es el cerebro, pero la mente sería cómo funciona la fábrica. El ego existe gracias a que tenemos sentidos, entonces "los sentidos de la fábrica" estarían localizados en el departamento de comunicaciones. No podemos crear una fábrica si no somos capaces de que esta sea capaz de recibir pedidos y pedir cosas, no tiene sentido. Lo mismo que una mente necesita comunicarse con su entorno para poder decir qué es una mente. Te recuerdo que es lo que siento, no una gran verdad, pero puede que te sirva mi visión personal. Jeje. Para mí, lo primero de todo, para que pueda decir que una mente es mente, es que tenga la capacidad de comunicarse, no confundir con que sepa hablar o moverse. Podemos comunicarnos de muchas formas, pero tiene que existir una forma de intercambio de información. Estaremos de acuerdo que incluso antes de poner el primer ladrillo, antes incluso de cualquier cosa, existe el departamento de comunicación sino ¿cómo somos capaces de pedir el ladrillo o los planos? Si nos centramos en el cuerpo humano, tu madre y tu padre sintieron una atracción mutua ¿comunicación? o puede que solo fuese uno de los dos que sintiese inicialmente esa atracción/comunicación para que el espermatozoide emprendiese el viaje hacia el óvulo. Detente un momento ¿cómo sabe el espermatozoide en qué ovario está el óvulo? ¿Cómo llega él? Pues mi respuesta es, que se comunican, hay atracción. Esa atracción para mí es comunicación, entonces incluso antes de tu nacimiento, antes del primer ladrillo, existió la comunicación. Existe un programa primero / inicial en los seres vivos: la atracción de los opuestos y esa es la primera regla, la base de la evolución.

Recuerdas que he dicho: "Lo primero que hay que ver, es que una fábrica se construye con un propósito, evidentemente, el de fabricar algo en ella."

Pues ese propósito viene de un deseo. La atracción entre ellos, de nuestros padres. **Somos hijos del deseo**. Unos por sexo, otros por engendrar vida, otros por amor… cada uno de ellos con un propósito a simple vista diferente pero que en lo "oculto", esta es esa información que llamo **Atracción**. Entonces, ¿cuándo se engendró el primer deseo? Pues de alguna forma podría decir que el primer deseo lo tuvo Dios, el universo… dale el nombre que mejor se acerque a tus creencias. Jeje.

¿Y dónde se guarda ese deseo?

Primero fue la memoria: lugar en donde guardamos información. Para crear algo primero tenemos que desearlo, ese deseo está almacenado en una memoria antes del nacimiento. El espermatozoide y el óvulo tienen memoria, un lugar en donde se guarda la información de esa atracción, si no cómo saben que tienen que atraerse. El lugar en donde se almacena esa información la llamamos memoria, en este caso memoria celular.

Para crear primero tiene que haber un deseo y un deseo es información que está en la mente del Creador, del soñador. Esa información, ese deseo… está almacenado en algún sitio y el nombre que le damos es memoria, pero existen diferentes tipos de memoria según se localicen. Voy a coger las dos más necesarias ahora: la memoria neuronal y la memoria celular.

La memoria neuronal: las neuronas almacenan toda la información que recibimos a través de los cinco sentidos, pero no voy a profundizar ahora, esto no es del todo cierto, se le escapan muchos inputs pero de momento lo dejamos así: almacenan la información de los sentidos.

La memoria celular es la que contiene y fíjate, no digo almacena, si no contiene la información genética. Cuando el espermatozoide penetra en el óvulo la información que ambos tienen se entremezcla para crear, formar, la nueva vida. Estos dos códigos genéticos: el de tu madre y el de tu padre, han sido trasmitidos desde el principio de la creación y han sufrido modificaciones por el camino. Las religiones lo explican a su manera y la ciencia a la suya, hablo de cómo, de dónde surgió, vino la vida. ¿De dónde viene la primera información genética para que se diese la vida? Si quieres en mi anterior libro hablo de ello, no me voy a liar aquí. Solo nos centraremos en que existe una memoria celular, quiero decir que la célula, una sola célula, ya dispone de un registro, una información guardada en su interior y que al reproducirse celularmente trasmite información a las otras células (células hijas). El proceso de trasmitir esa información, no siempre es perfecto y puede darse el caso en que la información por hache o por be no sea trasferida correctamente, entonces si la información no es completa, pueden llevar a que la nueva vida no se parezca en casi nada a la "célula madre" ¿Por qué explico todo esto?, porque es muy importante saber dos cosas:

- la información en cada nuevo ser reúne la información genética o le diré "aprendizaje", de toda su herencia familiar, también se le puede llamar: carga genética.
- no siempre la información se trasmite idénticamente sino que puede sufrir alteraciones.

Código genético, memoria celular.

Regresando al ejemplo de la fábrica, cuántas más fábricas construyamos, más información tendremos de cómo mejorar la siguiente. Me explico. En cada nueva construcción añadiremos las mejoras de las anteriores o sea, habrá una evolución desde la primera a la última y eso solo habrá sido posible, gracias a la experiencia, o dicho de otra forma, al aprendizaje. Pero refiriéndome a la pérdida de información que a veces sucede, imagina que hemos conseguido crear una fábrica súper productiva y al querer hacer otra, la información de que disponemos se pierde, o no la comunicamos bien u otra posibilidad es, que el que tenía que recibirla no, nos entiende o no, nos escucha, jeje, entonces la nueva fábrica, no será mejor que la última o incluso igual, sino que habremos construido una de menor calidad, tomando como referencia a la mejor que teníamos.

Resumiendo, hay una información base, una memoria celular en la que no sabemos o no, nos ponemos de acuerdo de donde vino (Big Bang, Dios…), partiendo de esta información la vida ha ido evolucionando hasta nuestros días. Cada uno de nosotros, contiene, lleva la herencia, la cara genética (información familia) de todas su familia anterior, en definitiva, todos somos hermanos y procedemos de la misma familia inicial. Esa información puede que esté completa o lo más normal es que se haya perdido información por el camino.

Bien, ya he descrito lo que a mi parecer es la base de todo lo explicado hasta ahora pero si todo lo que vivimos o casi todo se guarda en nuestra memoria ¿qué pasa cuando nos morimos? ¿Qué ocurre con toda esa información, muere cuando nosotros morimos? Esto va a ser largo, jejeje.

Nota: hablar de cómo nuestras experiencias trasforman nuestros genes y de la evolución.

LA MENTE UNIVERSAL Y LA MEMORIA UNIVERSAL

Universal llamaré a todo lo que conocemos y desconocemos. Para un servidor, la información que nuestra mente recoge no se almacena en las neuronas, disculpa por el engaño momentáneo sino que se almacena en una parte de nuestro universo y las neuronas simplemente hacen de receptores / emisores. Ahora en la actualidad es más fácil explicar este concepto, que no he inventado nada nuevo, los yoguis ya lo sabían como mínimo 5000 años atrás. Seguro que estás familiarizado con lo que llamamos móvil verdad, jeje, pues el móvil no utiliza cables sino que envía señales a través del aire y del espacio... pero no te explico nada nuevo, eso ya lo sabías. Lo que no sabías, puede, es que nuestras neuronas hacen lo mismo con un sistema que yo y otros llamamos: memoria universal. Todos nuestros registros, no solo humanos, sino de todo lo que tenga capacidad de sentir, se almacenan en dos sitios a la vez; uno, temporalmente, en la memoria personal y el otro, en la memoria universal. Bueno, jeje, no te creas todo lo que digo, únicamente léelo como una información más, quién sabe lo loco que estoy, jajaja. La memoria personal es limitada y hay que vaciarla porque si no el sistema se colapsa. El sueño reparador es el mecanismo para trasferir esa información personal a la Universal. Como bien sabes, no podemos pasar mucho tiempo sin dormir porque enfermamos e incluso cosas peores. Solo a modo de información, si lo pillas bien, cuando meditamos los estímulos son menores y podemos estar más tiempo sin dormir. Únicamente por si lo pillas, jejeje.

Pues las neuronas son emisores y receptores encargados de mantenernos en comunicación, repito, comunicación, con esa parte de la memoria universal. ¡Hala! y me quedó tan ancho, jeje. No puedo demostrar nada, pero todo llegará, no hay prisa, ya lo descubriremos científicamente.

Pero si esa comunicación se corta por algún motivo entramos en coma o estado vegetativo como también se llama ¿Y qué ocurre en ese estado? pues que podemos tener entrada de información, algunos sentidos o todos funcionan, pero no podemos reaccionar a ellos. La mente está "atrapada" en la conexión con la memoria universal. Es como si se hubiese quedado en un bucle y no pudiese conectarse o mejor dicho, no pudiese mantener la comunicación "Real" con los cinco sentidos. Hay poca reacción o ninguna, según la gravedad.

¿Cómo ayudar a las personas con un grado alto de actividad cerebral universal? Pues contarles cosas del presente, acariciarlos, estimular sus sentidos para que la mente encuentre el camino de regreso.

Mil disculpas por adelantado pero necesito liarlo un poco más, jeje.

Sí tenemos una memoria universal **en algún sitio hay una Mente Universal** o a lo mejor estamos "viviendo" en ella como simples "pensamientos del creador". Quién sabe, de lo que estoy convencido es que hay un "controlador". Todo este sistema no se da por arte de magia, para mí existe una Mente Universal y si existe una "Súper-Mente" eso quiere decir que los planetas, galaxias, soles, universos… son un "súper cerebro". Recuerda, tenemos una parte física y otra funcional. Dios creó al hombre a su imagen y semejanza, lo que es arriba es abajo.

Y de dónde podrían haber salido nuestros "planos" para construir nuestro cerebro, nuestra mente sino de la Mente Universal. Somos una copia de algo mucho más grande que nosotros, no tengo ni palabras para describirlo, muchísimo se queda corto. Amén. OM.

Somos una creación de la mente universal, de la mente creadora. No podemos hacer otra cosa que vivir bajo sus leyes, somos sus creaciones. Ella decide nuestro destino y no podemos comprender de dónde surgió, de la misma manera que una creación nuestra mental no puede determinar de dónde nacimos nosotros. Son otras reglas, no podemos comprenderlas porque la creación no, nos ha dado todavía la capacidad de saber de dónde surgió ella. Hasta que no, nos dé esa habilidad, estaremos ciegos, no veremos más allá de lo que sabemos, entonces, <u>no merece la pena discutir de dónde salió todo. Sí lo tenemos que descubrir se nos dará.</u>

¿Nos podemos comunicar con esta mente universal?

Pues claro, que sí, evidentemente. Para mí hay dos formas, una inconscientemente y la otra conscientemente. Cada día soñamos, según mi visión, enviamos información a la Mente Universal, y entonces, en ese momento de conexión, también recibimos información, así de simple. ¿Qué tipo de información recibimos? pues la necesaria para nuestra evolución, ¿fácil no?, jajaja, ya hablaré de eso más adelante. Paso a paso.

La otra forma es conscientemente. Se trata de sintonizar nuestra mente con "LA MENTE" y para que la comunicación suceda, tenemos que mover "el dial", al igual que en una radio, para sintonizarnos. Dicho así, parece súper fácil, pero no lo es, claro, está, porque hemos olvidado cuál era la cadena. Es como querer llamar a un amigo al móvil y no saber el número, jeje, por mucho que vayas probando seguramente te morirás antes de conseguirlo, eso suponiendo que tu móvil funcione bien y la antena no esté fuera de cobertura en ese momento, jajaja.

¿Qué es el sueño? según tengo entendido es un estado de la mente en la que las ondas cerebrales alcanzan estados muy altos, pero a nivel corporal, es todo lo contrario, se reducen o bloquean los estímulos externos. ¿Por qué explico esto? Es necesario para responder a cómo podemos conectarnos de forma consciente a la Mente Universal, a la memoria universal. Como en la fase de sueño pero sin sueño. **Tener la capacidad de desconectar los sentidos y de concentrarse profundamente a esto yo le llamo meditación** o también se accede por el rezo profundo. Listo, no os doy más pistas, por el momento, jeje, si tienes que conectarlo todo así será, si no, ya vendrá.

Volviendo a si nuestra memoria muere cuando nosotros morimos, en mi opinión es un NO rotundo, por todo lo que he contado. Pues, puedes preguntarte: ¿para qué se almacena en el "archivo universal", cuál es el propósito? Agárrate que la película en 3D va a comenzar, jeje.

¿REENCARNACIÓN O TODO SE ACABÓ?

Bien, voy a explicar lo que creo o la información de que dispongo con este título tan cinematográfico. Pues retomando lo dicho sobre la memoria celular ¿cómo es posible que lo que nuestros padres aprendan se quede grabado en sus genes? Pues yo veo aquí una conexión entre la memoria universal de nuestros padres y sus células. Sabemos que los genes pasan de padres a hijos y que vamos evolucionando pero ¿y si el aprendizaje de nuestros padres también se trasmitiese? Pero si damos por bueno que se trasmite la información, lo aprendido, de generación en generación, también podríamos decir que no solo la "buena", sino toda clase de información y puede que incluso los miedos, que "toda la información" de nuestra familia también nos lo trasfieran.

Eso por una parte. Por otra parte, he observado que el agua que bebemos es la misma agua que hace millones de años otros seres vivos también bebían. Quiero decir que el agua se ha reciclado durante millones de años. No tengo información de que más agua haya venido del espacio exterior, tampoco tengo información, aparte de los pequeños meteoritos que llegan a la Tierra, qué minerales, vitaminas... vengan al planeta. Sino que estos se han reciclado desde hace millones de años, por lo que las plantas: nacen, se nutren del agua, minerales y vitaminas, crecen, interaccionan y mueren depositando en la tierra esas mismas vitaminas y minerales, etcétera. Los animales, personas... todo ser vivo, es reciclado y esto ha sucedido con todo lo que un servidor puede observar e imaginar, que durante millones de años ha funcionado así. Entonces tenemos una ley que dice: la energía nunca muere sino que se trasforma. Bien, entonces esos componentes (agua, minerales...) están formados por átomos y otras cosas más. ¿Esos átomos han existido siempre? -quiero preguntar si realmente también se han reciclado desde millones de años-. Entonces veo, observo, que todo se recicla. ¿De qué están hechas las neuronas? ¿Y la memoria de qué está hecha? No voy a hacer trampas, ya sé que una cosa son los elementos y otra cómo se organizan.

¿Por qué digo esto? Porque voy a decir que si todo se recicla, ¿por qué la memoria, esa información, no se recicla también? Aquí es cuando podría hacer trampas, porque no tienen nada que ver las cosas de materiales densos con las de materiales sutiles. Los átomos, los "ladrillos" que sirven para construir algo no son lo mismo que el orden que formen. Alguno podría decir que, y tiene toda la razón, al hablar de reciclaje, no puedo incluir algo tan subjetivo como el orden o cómo se organizan. Es cierto que para que exista la memoria necesitamos de una parte física en dónde almacenarla y también es cierto que según como se organicen esas partes físicas tendremos un registro, una información u otra. Voy a poner un ejemplo con palillos. Tenemos los palillos, y esta sería la parte física, y este palillo lo puedo mover formando figuras; esta sería la información: como muchos palillos podrían incluso crear palabras.

Entonces, la pregunta sería: ¿se puede reciclar la información, el orden que las cosas tienen para formar la materia?

A mi forma de ver, cuando morimos (todo ser vivo) esa información se dispersa y no queda nada, ¿polvo? Todo regresa al montón, todos esos minerales y demás, no tienen forma porque no hay nada que los mantenga juntos. Lo mismo pasa con nuestra memoria, esa información se dispersa, pero como he comentado, no únicamente existe la memoria neuronal sino que para mí también existe la memoria universal o Registros Akashicos (también se pueden llamar así) esa memoria no deja de existir aunque nuestra parte física muera, esa memoria es nuestra consciencia, lo que realmente somos.

Me explico, si este plano terrestre funciona como creo que funciona, sería así: los sentidos crean la mente, la mente almacena esa información ordenadamente en el cerebro y esa información crea nuestra personalidad o personalidades, etc. Entonces, en el plano universal también teníamos una personalidad llamada EGO (con mayúsculas). Dentro de la memoria universal hay un espacio reservado para cada ser vivo, con lo que se puede deducir, que **todos juntos formamos esa unidad llamada MEMORIA UNIVERSAL**. La memoria universal individual de Ram Kishan (un servidor) y tu memoria universal y la de todos es una copia idéntica. En lo que creo que se diferencian, es en la información almacenada. Durante toda una vida hemos recibido millones de estímulos y hemos reaccionado a esos estímulos, facilitando de nuevo más estímulos, un ciclo, un círculo que se retroalimenta. Pero es mi opinión, ya te he dicho que no me creas, jejeje, no tenemos solo una vida sino infinitas. Aquí es cuando tengo que explicar cómo creo que funciona, ¿verdad? jeje, pues lo haré lo mejor que pueda.

A la pregunta: ¿Reencarnación o todo se acabó? Tengo que decir que todo es infinito. Me he es difícil de creer, que si todo se recicla, los humanos no, nos reciclemos, incluso nuestras experiencias y memorias. Me es insípido, el pensar que venimos, crecemos, morimos y ¡ya está! Pues no lo creo, no puedo demostrarlo, pero las respuestas están en mí. Puede qué alucine y todo esto que estoy explicando en un futuro se demuestre que **NO es cierto**, que funciona diferente o incluso en nada se parezca. Mi respuesta es: y qué más da. Pensar o creer en lo que creo me trae felicidad, ya que las alternativas no son de mi agrado. Creo en una energía creadora, pero no comparto la de un Dios, creo en el Big Bang pero no comparto el que todo se formó por azar. **No comparto la idea de que venimos (nacemos) para morir y no hay ningún propósito en ello**, y si así fuese, no me extraña que la gente egoísta solo piense en ella y mate, haga daño a los demás por el simple placer o por el poder. Ellos creen que solo tienen una vida y la quieren vivir al máximo de bien, pues es normal, son coherentes. Si no hay nada más, pues a pasarlo bien. Por estos motivos, porque en mi interior creo que hay algo más, he formulado esta teoría. Para mí tiene sentido y me trae felicidad.

¿CÓMO NOS REENCARNAMOS?

Para poder explicar, que siento o en que creo, tengo que formular una hipótesis de cómo se creó todo. Voy a partir de lo que sabemos, que todo es energía en continuo movimiento y que el ADN es el encargado de trasportar la información genética en los seres vivos e incluso algunos virus. Entonces, ¿cuál es la conexión entre el nuevo ser y su memoria universal (la individual)?

Pues lo dicho, yo siento, creo… que hay una energía creadora y hay un plan. No concibo la idea de que nos llamemos inteligentes y esta inteligencia haya surgido del azar. Madre mía qué suerte que tenemos por azar se creó el ADN (la información de cómo tenemos que ser y funcionar). El cuerpo humano con lo maravilloso que es, ¡se creó por azar! Vaya, es cómo tirar una caja de palillos al suelo y que por azar se coloquen en posición y formen la figura de la Torre Eiffel, jajaja, eso ni en millones de años; perdonad los que creéis en esta teoría pero me parece que según mi inteligencia me es más lógico el pensar que la inteligencia se nos ha dado y no proviene del azar, por eso voy a partir de **LA ENERGÍA INTELIGENTE CREADORA**, sin ella no tiene, aún si cabe, jeje, menos sentido todo lo contado.

La reencarnación o también podría decir reconexión es el proceso de conectar la materia con la memoria universal individual. Como he comentado, existe un ego (minúscula) material y un EGO inmaterial (no es cierto del todo, pero no quiero liarlo más, únicamente decir que es de una materia más sutil)

El Ego (mayúsculas) "siente" la necesidad de estar unido a una parte material y por sistemas que aún estoy averiguando se acopla, se une... a un ser vivo. Esto sucede solo cuando el sistema del ser vivo (la mente) está desarrollando para comunicarse, los receptores y emisores de información están listos para la primera conexión.

Nota: ¿es posible tener mente sin cerebro? Creo que sí, que en cierta manera al final todo tiene mente aunque no tenga cerebro. Puede que cada átomo sea un cerebro. Lo dejo para el siguiente libro, jeje.

¿ESPÍRITU, ALMA O AMBOS?

Me ahorro buscar que es para un religioso el espíritu o alma, para la Biblia, para los hinduistas… Cada maestrillo con su librillo. Para mí, el espíritu es la electricidad, lo que mantiene al cuerpo en vida. No piensa ni siente. Según mi teoría, la vida es información, la que hace que todos los átomos se agrupen de una forma en concreto. Sin esa información, los átomos se disuelven y la forma de la materia desaparece. La vida es un programa, una forma de organizar la materia para que funcione de una manera determinada. Es un código, unas instrucciones de cómo se tiene que organizar la materia. Imaginemos que tenemos las piezas de un televisor, estas piezas serían los átomos, pero si juntamos "mal" las piezas, el televisor no funcionará, necesitamos de los planos para saber cómo montarla, ¿verdad? Pues imaginemos que la <u>Energía Creadora</u> introdujo esos planos, ese código, en el primer ser vivo. Lo dotó de estructura y de un código o programa para que funcionase y se reproduciese. Como he explicado antes, ese código es el ADN, sí, sí, el mismo que intentamos descifrar y según nuevos estudios ya han conseguido crear una forma sintética y capaz de reproducirse. Vaya, qué hemos "hackeado" la vida. Vamos a ver a dónde nos lleva, jeje.

El espíritu, en el ejemplo del televisor es la fuerza, la electricidad que lo hace funcionar. En los seres vivos, es la fuerza (soplo de vida) lo que origina vida al cuerpo. Hay muchas opiniones sobre si el espíritu es una cosa o una entidad dotada de inteligencia, emociones… para mí es simplemente energía, claro, está, no una simple energía sino "una energía divina".

El alma en cambio es la vida en sí misma. En el ejemplo del televisor, el espíritu es la corriente eléctrica y el alma sería el tiempo que está conectado y la información almacenada (vivida). Para mí el alma está compuesta de un ego (en minúscula) y de un Ego (en mayúscula). **Tenemos un alma conectada a la materia y la misma alma desconectada de la materia.** Nacer sería proyectar la sombra del EGO "inmaterial" sobre el ego "material". El ego "material" solo es una sombra de la verdadera "vida" del Ego "inmaterial". Nosotros, egos materiales, solo somos una sombra de algo mucho más "grande". Siguiendo el ejemplo del televisor, **somos lo que se proyecta en la pantalla del televisor.** Nacer sería dotarlo de electricidad y empezar a recibir señales de la "fuente". Morir sería desconectar el televisor de la corriente eléctrica. El periodo en el que televisor está conectado se le puede llamar vida humana. Esto nos da una visión diferente sobre la vida y la muerte. Cuando nacemos por primera vez, me refiero en el seno de la Memoria Universal, se nos dan las primeras instrucciones (código, información…), de cómo proyectarnos de lo inmaterial a la materia y este código se almacena dentro de esa entidad. Para mí es mi primer "nacimiento", después de eso, tengo el código y la información necesarios para acoplarme a la materia (en mi caso un cuerpo humano) tantas veces como sea necesario. Hay que completar un ciclo de vida material y otro eterno inmaterial. Mi madre y mi padre me dan la parte física que como he dicho ya tiene un código genético y cuando el sistema de comunicación (cerebro, mente…), el cableado, jeje, ha sido instalado, el EGO puede habitar el cuerpo. Así de fácil ¿qué te parece?, jeje. Entonces mi alma mortal se une, comunica, con mi alma ETERNA (bueno esto también no es del todo cierto pero para no liarlo más, jeje). Cuando mi cuerpo muera mi ego morirá también, pero el EGO en mayúscula, la conciencia, la información de todas mis vidas continuará existiendo hasta que todo vuelva a empezar.

Volver a empezar... como he dicho antes, hay ciclos de existencia. Un ciclo Divino del Alma Divina (EGO) y unos finitos del alma humana (ego). El ciclo Divino también tiene una "muerte", un descargar información y un volver a empezar... Somos Almas ETERNAS con ciclos Divinos proyectados en lo más denso de la materia como almas humanas y ciclos finitos...

Fin de la alucinación, jejeje.

Resumiendo con el ejemplo del televisor.

- El estudio de televisión, Mente universal.
- La película EGO inmaterial.
- La antena de emisión, Sol /Soles.
- La corriente eléctrica, el espíritu.
- El televisor, el cuerpo humano.
- El código para que funcione, el ADN.
- La antena receptora, las neuronas.
- La señal, canal... consciencia.
- La pantalla, la materia.
- Las imágenes, el ego material
- El sensor es del mando a distancia, los sentidos
- El mando a distancia, karma

ESTAR CONSCIENTE Y SER CONSCIENTE

¿Te acuerdas de que hablaba de una fábrica como ejemplos y los diferentes departamentos? Pues vamos con más. Aún estoy con la mente, *mente* es todo lo que ocurre en el cerebro, todos los procesos. Vamos a ver la diferencia, o mejor dicho, lo que un servidor cree que son cada cosa.

Ahora veamos la pareja **Estar consciente y Ser consciente** muchas veces me he preguntado por si se parecen un poco o tienen similitud solo en las letras, jeje. La diferencia está en el verbo, estar o SER.

Estar consciente significa estar despierto con los sentidos en alerta. En **Ser consciente,** su significado implica "saber". ¿Pero qué quiere decir saber?

El lenguaje es un buen sistema de comunicación, pero se basa en definiciones de palabras aprendidas que nos han "cedido". Esto nos lleva a querer explicar algo que está sucediendo en nuestra mente pero no encontramos palabras y si las encontramos, las definiciones no se ajustan a lo que sentimos, porque muchas veces lo que nos enseñan no corresponde con lo que sentimos. Es costoso el explicar algo que nos está sucediendo, porque aunque utilicemos correctamente el diccionario, nuestras emociones, pensamientos no están de acuerdo con la definición. Eso utilizando el lenguaje correctamente, ahora imagina que la mayoría de nosotros no tenemos esa precisión académica y entonces las cosas se complican aún más. Nos pasamos discutiendo de cómo son las cosas, cuando a lo mejor, en muchas de las situaciones sentimos lo mismo, pero utilizamos diferentes palabras para expresarnos.

Como he dicho, a veces correctamente, según el diccionario y otras a nuestra libre interpretación. Está libre interpretación nos facilita, a medida que vamos creciendo, que vayamos creando nuestro propio diccionario de sentimientos y emociones. Cada uno de nosotros, como he mencionado anteriormente, somos diferentes, no podemos sentir lo mismo. Nuestras mentes son diferentes. Podemos y de hecho así lo hacemos, aprender qué significan las palabras pero ese aprendizaje no está completo porque se basa en lo que otras personas dicen, interpretan… <u>según su conocimiento o experiencia</u>. ¡Este es el punto! Alguien nos habla del estar enamorado pero a lo mejor, nunca lo ha estado y con fortuna, en el mejor de los casos, nos cuenta su experiencia. Llega el día en que te enamoras y no se parece en nada a lo que te han contado.

Pregunto:

- ¿Eso quiere decir que no sucedió, que no te enamoraste?
- ¿Por qué no se parece a lo que los demás dicen?
- ¿No es más real lo que tú cuentas?

El lenguaje está en continua revisión, pero no tiene en cuenta el sentir de todos.

Se reúnen algunas personas y buscan ponerse de acuerdo en lo que significa cada palabra para ellos, los académicos. Quiero decir que es un resumen de lo que siente la mayoría a los que se les pregunta pero no está completo, no, nos han pedido nuestra opinión. Entonces es cuando aparece la **semiótica personal**, cuando le ponemos nombres y apellidos propios según nuestra experiencia a nuestras emociones y sentimientos.

¿Qué aprendemos, quiénes nos enseñan?

Pues la **semiótica personal** es aprender a emparejar nuestros sentimientos, emociones, pensamientos con palabras. En la edad de aprender, en la más temprana, nuestro cuerpo, nuestra mente... experimenta la vida sin palabras y también en esos momentos de nuestra vida es cuando los padres, profesores... nos dicen, nos enseñan a emparejar las palabras con lo que nos está sucediendo (sentimos) pero ¿quién nos dice que esa es la palabra "correcta" para lo que uno siente?

El educador se basa en sus suposiciones de lo que un niño intenta explicar.

Imagina que complicado debe de ser, a una edad en la cual no sabemos expresarnos, el explicar que sentimos. ¡Pero no pasa nada!, jeje, el educador coge tus emociones y las mete en una palabra, como si supiese que está hablando.

Siguiendo el ejemplo anterior del enamoramiento, el instructor al intentar explicarle te dice - eso es que estás enamorado, todos los síntomas apuntan a ello. Pues no, queridos padres, madres, profesores, educadores, no estaba enamorado. Sentía amor, eso sí, pero de hermandad, de agradecimiento, de unidad. Jeje, ¡claro!, crecí pensando que era muy enamoradizo, no te imaginas, jeje. Entonces, qué pasó con mi confusión, pues que otros educadores, amigos... me educaron, enseñaron "a ir por todas". Me decían - si estás enamorado, no la dejes escapar. Eso es lo que decían, ¿y yo que hacía?, pues hacerles caso, jajaja.

Después vino la educación sexual. Me decían como tenía que comportarme en una relación de enamoramiento, que era besar, que era tocar, sentir placer... fui descubriendo mi cuerpo... con un aprendizaje "erróneo".

A continuación me educaron en la monogamia, en que estaba mal enamorarse de dos o tres chicas a la vez, solo te corresponde una, tienes que escoger... pero eso no es lo que yo sentía. Sentía que esas chicas y chicos eran afines a lo que yo sentía, podía comunicarme con ellos, me entendían sin que tuviese que esforzarme... ¡Pues vaya lío!, porque me empecé a cuestionar de que si sentía eso por los chicos, quería decir que estaba enamorado de ellos. En mi mente resonaban estas palabras: ¡qué dices!, eso no es posible, te tienen que gustar las chicas, eres un niño.

Ese Sentimiento de hermandad siempre me acompañaba y cada vez que lo sentía, ocurría, que lo acababa confundiendo con deseo y al final se convirtió en un hábito. Bien amigos, visto el ejemplo ¿en cuántas cosas no, nos sucede lo mismo? ¿Qué somos? ¿En qué nos hemos, nos han convertido? Yo diría que somos niñas, niños en trajes de adultos. En todos estos años, pocos han revisado su educación inicial, la educación base. Pocos han creado su propio diccionario lingüístico emocional. La mayoría aún actúa según igual que cuando eran niños. Niños grandes con emociones pequeñas. Pero nunca es tarde para empezar, claro, está, si quieres, jeje.

Diferencia entre conocimiento y saber

Como de costumbre utilizaré mis palabras: lo que creo, que pienso que es. En el caso anterior explicaba que los educadores (en cierta medida, aquí entramos todos) pueden o tienden a equivocarse al educar. El motivo es decirle al otro, que es lo que él siente. Muchas veces, simplemente somos como loros, repetimos lo que hemos oído o aprendido de cabeza. Aunque no, nos hayamos enamorado de alguien, somos capaces de explicar con detalle, trasmitimos, una información que ni siquiera hemos experimentado como verídica o mejor aún, con las palabras de otro, que sí lo ha experimentado. Pero en muchos casos hablamos e incluso nos educamos los unos a los otros, creyendo que tenemos la única verdad. También sucede que uno que no sabe mucho o nada, quiere enseñar a otro, y este hace lo mismo… y así puede ser que una enseñanza llegue a nosotros de boca en boca pero ya no tenga sentido. También sucede que nos trasmiten información de muchas personas, de sus vidas, experiencias… y el resultado es el mismo, un caos, porque la información de unas partes se contradice con la de las otras partes.

Pongamos la palabra amor como ejemplo ¿qué significa para ti? ¿Cómo sabes que amas?

En el ejemplo que pondré hay dos personas. Una la llamaré Pepe y le enseñaron que el amor es proteger, cuidar de los suyos y que tiene que hacer todo lo posible para que nada les pase. La otra persona la llamaré María y le enseñaron que amar es un sentimiento, que cuando sufres por el otro ese es el signo de que la amas, el amor es estar preocupado por los tuyos.

Hay tantas definiciones como personas, entonces ¿si no coincidimos quiere decir que no lo sabemos? La persona que he nombrado como Pepe, pega a sus hijos y pareja. Los maltrata con el argumento de que tiene que protegerlos y hay que enseñarles lo que está bien y lo que está mal a toda costa. La persona que he nombrado como María, sufre cada vez que un hijo o pareja no está cerca. Para "controlarles" les llama a menudo, se vuelve muy controladora, todo, porque les ama.

El conocimiento, es la información de que dispongo sobre algo sin que lo haya experimentado.

La sabiduría: *saber* es información con una experiencia a mejorar (con este enunciado he querido decir que es para mí, no que sea la verdad...)

Pero también podemos tener de los dos, sería lo ideal. Tener conocimiento de algo y luego experimentarlo o a la inversa, tener una experiencia y luego ver qué información encuentro sobre ello. Para mí, saber sin conocer es incompleto, lo mismo que conocer sin saber.

En resumen, ser consciente implica saber pero a mi forma de ver, no, nos sirve el mero hecho de conocer. Lo veremos cuando hable del inconsciente... Todos enseñamos, educamos, nos comunicamos de forma incompleta, trasmitimos enseñanzas que nunca hemos aprendido o las hemos experimentado y si las hemos experimentado lo hacemos de manera torpe y muchas veces imprecisa. A mi forma de ver, nuestra comunicación está a años luz de ser una comunicación precisa. De aquí surgen la mayoría de problemas, disputas, resentimientos, malentendidos, guerras... Somos un bebé humano mejorando día a día nuestra capacidad de comunicarnos.

Otro ejemplo que me ha venido ahora: Imagina que explicamos cómo poner hilo a la aguja de coser (enhebrar), los pasos son simples, trasmitimos el conocimiento (información) pero a la hora de hacerlo, de pasar a la práctica esa información nos damos cuenta de que no es tan simple. **La información es una cosa y la otra nuestra capacidad para llevarla a cabo**. Entonces según nuestras habilidades, nuestras experiencias en la vida, puede ser más o menos o nada traumático el simple hecho de enhebrar una aguja. Puede que la experiencia nos haya puesto de los nervios y si depende de nosotros el trasmitir ese conocimiento, sabiduría (aquí sí es pareja, se dan las dos) y la persona que reciba esa información se hará una idea equivocada, en el caso de que tenga más habilidad que nosotros o más o menos acertada si tiene la misma habilidad.

En todo caso, lo que quiero trasmitir, jeje, es que aunque tengamos mucha información, lo que considero mejor (no digo ni bueno ni malo), es tener una experiencia propia para poder valorar si la información se acerca más o menos a mi realidad antes de trasmitirla.

Más adelante hablaré también de lo real o irreal de las cosas, jejeje.

Todo esto es necesario explicarlo. Considero importante ponerle definiciones a los procesos mentales para que se pueda entender, o mejor dicho, para que me pueda explicar, jejeje. Fíjate que uno los dos conceptos: conocimiento y saber, este es el motivo por lo que desde el principio explico mi experiencia.

Defino que es para mí cada una de las partes, muchas veces, con mi propio lenguaje, y otras, utilizo "el conocimiento" de palabras que después de revisarlas, importante, estoy bastante o totalmente de acuerdo.

El libro lo escribo como soporte personal para poner mis ideas en orden, organizar... A diferencia del primer libro, en el que escribí un diario de 28 días. Inicialmente lo que pretendía era recoger la experiencia que tenía con el ayuno, pero para poder explicar cómo llegué a ese ayuno de 28 días tenía que explicar las experiencias previas y esas experiencias de dónde salieron. Al final, en vez de un diario personal salió un libro, jejeje.

Este otro es diferente, después de la experiencia del anterior, me gustó tanto el poder "escribirme", que ahora ya le he cogido "gustillo". Voy a escribir muchos más, me entusiasma poder explicar mis experiencias de una forma neutra. No pretendo que me creas, ni lo de decir que he descubierto algo nuevo, puede que se parezca a algo nuevo, en según qué cosas sí, pero únicamente y digo únicamente, lo que he hecho es organizar ideas y conceptos que existen en el mundo. No voy a mencionar ni autores, ni libros, ni personas... porque son tantas las almas qué me han enseñado cosas... Muchas veces no son maestros de mucho tiempo, sino que son maestros de viaje, como yo los nombro, que aquí entráis todos. Todos vosotros/as me habéis enseñado cosas que después yo he revisado si me podían ser útiles o no. De aquí se puede deducir, que lo que estoy haciendo, que mi mérito, es el de poder expresarme con mis propias ideas y ejemplos. El poder ofrecerte un trocito de Ram Kishan Puri, lo que un servidor ha "descubierto" en sí mismo y que si se parece a lo que otros descubrieron antes, pues ya tienes más para comparar. Jejeje. Encuentro que este tipo de escritura me aporta veracidad para mí mismo, me muestra si algo está realmente integrado o aún está verde y necesita experimentarse más. Todo lo que comparto lo he pensado, meditado, vivido... antes de compartirlo, deseo que te sea tan útil como a mí. Ten paciencia, es costoso el explicar cada concepto y puede que a veces me extienda mucho pero considero que es necesaria cada aclaración y cada concepto para hacer que se entienda lo mejor posible.

EL INCONSCIENTE Y EL SUBCONSCIENTE

Voy a continuar con otros dos estados. Por lo que he podido entender los emparejan con la misma definición dicen que son iguales. Podría decir que su significado es: lo que está oculto al observador de lo que no sabes o conoces pero, como no, te tengo que dar mi visión personal de esto también.

Para mí el **inconsciente** es lo que está oculto que no se puede ver por uno mismo y el **subconsciente** es lo que permanece por debajo de la conciencia. Sabes que está ahí pero funciona de forma automática, **es un saber más allá de nuestra capacidad de pensar**. Lo mismo que la palabra Submarino expresa por debajo del mar o sumergido en el agua. Pues déjame seguir con este ejemplo. Como comenté, para mí, ser consciente de es saber, tener experiencia de. Pues utilizando el mismo símil, subconsciente quiere decir que está por debajo o sumergido en el saber. Entonces, para que veas que no deambulo, que voy recto y coherente con lo que explico y siento, voy a unirlo con lo dicho de la memoria universal.

En nuestra mente hay un apartado, que yo llamo Memoria Neuronal que es en donde se almacena la información que utilizamos más a menudo. Cuando a esa información le añadimos experiencia (acción) se consolida y pasa a ser un saber. Pero como te expliqué, para mí esa memoria (la neuronal) está conectada con una de mayor capacidad, la Memoria Universal que contiene todo nuestro saber, lo vivido en esta y otras vidas. Entonces, podría inventar una nueva definición para eso, a lo mejor ya está, Saber Universal Individual. Sigo… lo que almacenamos en las neuronas sería el saber terrenal. La diferencia es que uno recoge, almacena el saber de todas nuestras vidas y el otro únicamente el de la presente. Aquí es cuando puedo explicar mejor el *subconsciente*:

Es la capacidad de conectarse a nuestra Sabiduría Universal. (Voluntaria o involuntaria, dependerá de la habilidad).

A ti te gustaría saber cómo pasar de la involuntaria a la voluntaria, ¿verdad? y poder acceder a esa información; lástima que por ahora no puedo contar más, aún estoy experimentando, pero este libro tiene un poco de eso. Hay muchas cosas que no sé cómo las sé pero están en mí y la única explicación por el momento que puedo dar es que me conecté "sin querer" a esa fuente. Que si juntamos todas las <u>sabidurías universales individuales</u> podríamos decir que existe una sabiduría universal total. Si eres religioso podrías pensar que es la mente de Dios o Mente Universal Divina. Aquí podría conectar con lo que dicen algunos:

- que todo es mente.
- con la idea de que todos somos UNO.
- de que todos somos un pensamiento del creador.
- que vivimos en la mente de nuestro Creador.
- que todo es un sueño ya que somos y estamos pensados en la mente de Dios.

Entonces, la palabra iluminación que algunas religiones utilizan, ¿sería algo así? Qué nuestra mente individual desaparece como individual y se une a la Universal pero conserva su identidad dentro de ese espacio, "universo mental". Gauuu, jajaja, y me quedó tan ancho, jijiji, pero no me negarás que al menos las piezas encajan, no están dispersas. No sé si es verdad todo lo que te estoy contando porque el concepto de verdad me es muy difuso en estos momentos, pero ¿no te parece bonita la historia? Cuando me la releo me quedo petrificado de cómo me encajan las cosas. Voy escribiendo y cuando acabo el capítulo me "doy cuenta" que ya sé cuál es el siguiente. No sé cómo puedo escribir lo que escribo. Cuando me leo, me gusta y me sorprende que toda esa información esté en mí o en esa tremenda imaginación, jajaja, quién sabe. Mi mayor deseo es compartirlo de forma que todo el mundo pueda tener la información de la forma más cercana posible pero no entra en mis planes el ir de un país al otro o de ciudad en ciudad hablando de mi verdad. Me gusta viajar pero no para hacer eso. El escribir me hace SENTIR y quien quiera que compre el libro, yo ya he hecho mi parte, que no es nada fácil y requiere de un esfuerzo amoroso.

Me voy a poner a explicar el inconsciente que parece fácil, pero no lo es. Suerte que te he explicado todo lo anterior, así ahora puedo utilizar las palabras, conceptos mencionados sin tener que volverlos a explicar. Si ves que te pierdes, échale un vistazo de nuevo a lo dicho.

He comentado que el inconsciente es lo que está oculto, lo que no podemos ver, pero te podrías preguntar ¿Quién no lo ve? ¿Qué no ve? Está claro, que físicamente nosotros mismos, pero ¿qué parte de nuestra mente es la que tiene capacidad de auto observarse? Aahhh, ahí es cuando se extiende la respuesta. Para poder hablar de lo que no vemos, primero tengo que hablar de lo que sí vemos y como lo vemos. La capacidad de observar la tenemos todos y en mi opinión, unos la utilizan más que otros. Observa que no he dicho unos tienen más y otros menos, jeje, pero aquí miento un poco y más adelante lo completaré.

Bien, me voy a meter en un fregado, pero lo intentaré hacer lo mejor que sepa. Cuando nuestros sentidos son creados están funcionales... estos empiezan a enviar información a la memoria neuronal en primer lugar. De momento, en ese periodo, no hemos aprendido a reaccionar ante los estímulos externos y simplemente los almacenamos.

¿Sentimientos y emociones?

Cuando la reacción es visible a eso le llamamos **sentimiento** y a lo que lo produce, eso se llama **emoción**. El caso es que primero se manifiesta una emoción "internamente" y la reacción a esa emoción es un sentimiento. La emoción no se puede verbalizar, es psicofisiológica, en cambio, el sentimiento, sí. Se puede dar el caso de reaccionar subconscientemente a estímulos pero no quiero liarlo más y lo dejo por si alguien ha pensado en ello. Cuando realmente interactuamos con el medio, cuando empezamos a reaccionar más físicamente, es después de nacer. Esto no quiere decir que en el vientre de la madre o anteriormente no haya sentimientos, que los hay, pero cuando más se acentúan es después del nacimiento. En el vientre de nuestra madre no estamos privados de nada, no necesitamos nada, lo tenemos todo. Entonces, como no hay carencias, no necesitamos llorar cuando tenemos hambre o hacer popó... en cuanto nacemos el programa básico de supervivencia se activa y empezamos a reaccionar ante estímulos de dolor y placer. No sé más al respecto sobre el programa de supervivencia eso es "código divino" y ahí no llego, jejeje.

Las emociones son involuntarias pero ¿y los sentimientos? Estos, sin entrenamiento son automáticos, pero con entrenamiento podemos "parchearlos". Por ejemplo: el proceso de respirar, el latir del corazón... funcionan de forma autónoma, sin pensar, pero de la misma manera que podemos controlar la respiración también podríamos controlar el corazón, sus latidos. Puede suceder que algo involuntario se vuelva voluntario o que lo voluntario se vuelva involuntario o se pueda volver automático (hábitos).

El *enfocarse* es una capacidad de la mente de llevar los sentidos a un punto en el espacio / materia. Todo ser humano, al menos tiene uno de los cinco sentidos activo, yo diría que mínimo dos, y los menos comunes, que estén dañados o nulos, son: el olfato, el gusto y el tacto. Todos podemos enfocar al menos un sentido.

¿Cómo funciona? cuando era adolescente, en casa teníamos un radiocasete portátil y un día jugando con él me sucedió una cosa "extraña" para mí entonces. Sonaba una emisora con una canción que me gustaba, el dial estaba fijo y la radio funcionaba bien. Entonces se me ocurrió mover la antena hacia el otro lado para mejorar la calidad del sonido y al hacerlo, sin tocar el dial, la radio cogió otra emisora. En ese momento me sorprendí de que con el mismo dial y con solo mover la antena sonase otra canción.

Pues básicamente, y eso es lo que pasa, que de serie tenemos antenas (sentidos) que se sintonizan con lo que ocurre en el exterior. Esa capacidad de poner la atención (sentidos) en un punto en el espacio la podríamos llamar foco o poner el foco, enfocarse. **Con la práctica podemos mejorar nuestra capacidad de enfocarnos.** Por lo que he podido observar, nuestra mente tiene siempre la posibilidad de hacer voluntariamente lo que de serie hace automáticamente. Entonces la mente puede estar en dos estados: uno voluntario, por decisión propia, y el otro, automático.

¿Qué quiero decir por decisión propia? -pues es esa capacidad de poner el foco (llevar la atención) en un punto, en el espacio tridimensional. **Pero lo que más interesante me parece, es que también la podemos entrenar para poner el foco en lo que sucede en nuestra propia mente** y puede que también en la de los demás, ahí dejo eso, jeje. La capacidad de observar no únicamente funciona con los objetos externos sino que incluso, sin entrenamiento, de serie, jeje, ni que hablara de un coche, de serie podemos escuchar nuestros propios pensamientos. ¿Puedes oírte hablar contigo mismo sin pronunciar ni un solo sonido? pues a eso me refiero. Esa capacidad es innata en todo ser vivo. Te puedes preguntar cómo una flor puede observar, pues mi respuesta es que la flor también tiene sentidos y por ejemplo, uno de ellos, el tacto. Puede percibir la humedad, la temperatura del aire... con lo que nos lleva a que "constantemente" creo, lo pongo entre comillas, está observando el tiempo que hace y puede reaccionar o no según su programa.

Todo esto es necesario para poderte explicar qué es el inconsciente, que como he dicho, no se ve, está oculto. ¿A quién está oculto? -A la capacidad de observar, la que viene de serie. Nuestro cuerpo, nuestro cerebro y como no, nuestra mente pueden trabajar de forma automática o de forma voluntaria. Esta última no, nos tiene "muy preocupados", lo que de verdad nos interesa es saber cuándo funciona de forma automática, sin que nosotros, la mente, ego, seamos conscientes de ello. A todos esos automatismos yo les llamo el *inconsciente*.

Tenemos dos tipos de automatismos: los que vienen de serie (código divino) y los que fabrica la mente. Un ejemplo claro, de "automatismo de serie" es el ya he mencionado, para que nuestro corazón lata, no tenemos que hacer nada al respecto. Esos procesos en medicina están gobernados por el sistema nervioso Parasimpático (autónomo). Existe también el Sistema Simpático que es un sistema el cual sí que es voluntario. El Parasimpático es un sistema que funciona autónomo, lo que quiere decir que no necesita de nuestra voluntad para funcionar. Hay una programación, una memoria neuronal encargada de su funcionamiento. Es decir, que este tipo de memoria tiene un código capaz de controlar algunos órganos y aspectos del cuerpo físico. También están los que la mente "fabrica" y estos son los que a mí me atraen más, jeje. Son de la misma naturaleza que los otros, también es un código que está almacenado y tiene la capacidad de controlar algunos aspectos del cuerpo.

¿CÓMO SE CREAN Y FORMAN LOS AUTOMATISMOS DE LA MENTE?

Pues también podríamos llamarlos hábitos. Unos mejores que otros, jeje. Se crean por necesidad, es un sistema de ahorro energético de la mente. Pensar constantemente consume mucha energía así que cuando unas acciones se repiten muy a menudo y no varían mucho, la mente las automatiza para ahorrar recursos. Así al cepillarme los dientes, conducir, sentarse e incluso hablar con la boca llena, jajaja, pueden ser hábitos.

Bien, conecto de nuevo con el inconsciente. Estos hábitos, al no ser voluntarios, muchos de ellos pasan inadvertidos por el "ojo observador" y podemos estar haciendo "dos cosas a la vez". Sí, todos, jeje, no solo las mujeres. Algunos hábitos son deseados, los queremos, y otros hábitos, si pudiésemos, los "borraríamos". Pero no es tan fácil, ¿verdad? y eso en el caso de saber de ellos. Estimo que más del 50 % de mis hábitos no deseados aún permanecen ocultos a mi visión observadora, quiero decir, que si supiese de ellos, seguramente los "borraría", jeje.

Los hábitos, ¿cómo cambiarlos?

Para poder cambiar un hábito, primero tienes que saber que existe y hasta que no "lo pillas", no puedes cambiarlo, ¿verdad? Por eso he dedicado gran parte de lo escrito a explicar conceptos. El inconsciente es eso, no se ve, pero que no lo veas tú, no quiere decir que otros no lo vean.

Para observarlos podemos utilizar varias técnicas por separado o podemos juntarlas y obtener mejores resultados:

1. La Técnica de ejercitar/potenciar la capacidad de concentrarse. Agudizar mejor la visión interna.
2. La de preguntar a otros sobre nuestra conducta/ego.
3. Más bien no es una técnica sino la vida misma. Dejar que el tiempo nos revele en algún momento lo oculto.

He anotado las opciones según, a mi forma de ver, **de más efectivas a menos**. Podrías decir, que pillarse a uno mismo es más complicado que preguntarle a otros. Cierto, a simple vista puede parecer eso, pero si lo pones en práctica, como un servidor ha hecho, puede que cambies de idea. Te doy más información al respecto para no dejarte a medias. Preguntar a los demás es más fácil porque tendremos una respuesta directa sobre lo que estamos buscando. Ahí estoy de acuerdo, pero esa respuesta requiere de confianza. Me explico, tienes que estar seguro de que la persona a la que le preguntas sea sincera y te señalará un hábito a corregir. Que te ayude en tu vida y no se aproveche para que cambies un hábito a favor de sí misma o sea, que ella misma salga favorecida por el cambio de hábito. Un ejemplo puede ser, que alguien te diga que eres muy tozudo o tozuda y que eso es lo que ella corregiría pero aquí puede haber trampa, porque lo que realmente quiere esa persona es domesticarte, volverte más crédulo y dócil en su propio beneficio. Es solo un ejemplo, pero puede pasar.

A mí me es más fácil el confiar en mis propios sentidos que en los sentidos de los demás. Pero mejor que una, son todas las opciones a la vez, que es lo que un servidor ha hecho. Personalmente, encontrar personas objetivas que tengan una buena observación de tus hábitos lo veo difícil, pero no imposible. Por eso la he puesto en segundo lugar. En cambio, la primera requiere de más esfuerzo, pero es mucho más asertiva. De esto va este libro. **EL PODER DE LA CONCENTRACIÓN.** He escrito muchos ejercicios para que puedas elegir en cuál te sientes más cómoda, cómodo y los tienes al final del libro. Te recomendaría que los ejercicios de concentración los practicaras todos, tanto los que te gustan como los que no. Pero vamos a saber más sobre la concentración.

Una modificación de la ventana de Johari, una herramienta de psicología cognitiva creada por los psicólogos Joseph Luft y Harry Ingham, que me va de perlas es esta:

Imagina una ventana dividida en cuatro partes.

- La primera parte/trozo es lo que tú sabes de ti mismo.
- La segunda, es la opinión que tú tienes de los demás.
- La tercera, es la opinión que los demás tienen de ti.
- La cuarta parte únicamente se descubre cuando conoces las tres anteriores.

Pues bien, aquí está la gracia. Si nos conocemos bastante bien, si vemos qué decimos de los demás y escuchamos a los demás qué piensan de nosotros, se desvelará el secreto del ¿Quién soy?

¿CÓMO Y POR QUÉ LA CONCENTRACIÓN NOS PUEDE AYUDAR A CAMBIAR HÁBITOS?

Primero me gustaría explicarte lo importante o la importancia de cambiar hábitos no deseables. Cuando hablo de cambiar hábitos, esto implica un cambio de personalidad, quiero decir, que no volverás a ser la misma o el mismo. Pero antes, incluso a esto, tengo que aclarar más cosas. Voy por partes, que esto vuelve a ser complejo. Como vengo diciendo, nuestro ego, personalidad... es la información, aprendizajes, educación... que permanece en nuestra memoria de un oral neuronal como un yo. Una identidad creada con la información retenida en nuestra memoria. Casi todas nuestras reacciones (tanto las físicas como las psíquicas) están almacenadas en forma de hábitos. Un estímulo externo activa un área de la memoria y se produce una reacción automática o semiautomática. Una respuesta aprendida según el estímulo recibido. Al cambiar, "REPROGRAMAR" nuestras respuestas, estamos cambiando nuestra personalidad. Esto, más o menos complicado, es posible. Lo podemos hacer según el tiempo que le dediquemos, según el interés que tengamos, jeje, podremos hacer cambios muy importantes en nuestra conducta. En todo este "quererse cambiar" lo más complicado es saber ¿qué quieres cambiar de ti? ¿Quién quieres ser? ¿Cómo quieres actuar? De personalidades el mundo está lleno, pero ¿cómo decides quién quieres ser?

Esta parte es más complicada, si no se tiene una referencia puedes "caer en la trampa" de solo querer satisfacer tus deseos (ego) y dejar de lado "a tu corazón" pero no pasa nada, si después no, nos gustamos podemos volver a cambiar. De jóvenes ya lo hicimos como mínimo una vez, pero creo que incluso todos hemos pasado por varias personalidades. Pues lo dicho, si no estamos contentos siempre podemos volver a empezar.

Pero ¿por qué pasar tiempo buscando, cuando tenemos un guía, un punto donde mirar? Si nos enfocamos en "el corazón" él nos dará la respuesta de cómo actuar. Para poder saber realmente cómo me siento en cada situación necesito de esta capacidad: **La Concentración**. Esta nos mantiene en el momento presente, no es un proceso automático sino todo lo contrario, un acto voluntario. Por su naturaleza la mente siempre está "moviéndose", me refiero a que salta de un pensamiento a otro constantemente. Esta naturaleza de la mente nace a la vez que nacen los sentidos y constantemente los estímulos del exterior nos hacen reaccionar y tomar decisiones.

La concentración es la capacidad voluntaria de enfocarse en un solo sentido y permanecer ahí sin distraerse.

Cuando lo hacemos, la mente se inquieta e intenta irse de ese estado, el cual no es natural para ella. La función principal de la mente es la de captar la información circundante, procesarla y reaccionar. Cuando le "pedimos" a la mente que se quede observando un sentido, se estresa ya que esto va en contra de su funcionamiento, de aquí, que nos sea relativamente difícil el conseguirlo.

Mencionar que "poner la mente en blanco" es una mala traducción de algún texto; a mi forma de ver, crea confusión y miedo. ¿Si dejamos la mente en blanco quiere decir que estoy vacío? ¿Puede ser "robada, poseída" por alguna entidad maligna? Para mí, como he mencionado, es imposible, es una mala traducción. Ponerla en blanco es imposible, es como decir que estás muerto. Incluso en la meditación la mente nunca se ha quedado en blanco porque si no yo no estaría escribiendo este libro, jejeje.

Esta capacidad, la de concentrarse, al entrenarla nos aporta una valiosa ayuda para observar los procesos automáticos y ver cuándo se producen, evidentemente, no los ocultos, sino los que ya se han visto/localizado. Todos sabemos lo complicado que es cambiar de costumbres/rutinas y si están arraigadas, aún más, ¿verdad? Pues la capacidad de concentrarse nos permite "ver" como sucede todo. Pondré un ejemplo. El ver una película a más velocidad hace que perdamos detalles de todo lo que está ocurriendo, nos faltan trozos. Esto podría decir qué es lo que ocurre frecuentemente cuando no se está entregado. Por el contrario, el ver la película a cámara lenta, nos permite disponer de más tiempo para enfocarnos en los detalles y este es el estado de una persona entrenada. Un ejemplo claro, sería este: ver como explota un globo lleno de agua a cámara lenta. En este caso podemos ver como las gotas se dispersan con todo detalle pero si lo vemos en tiempo real, nos perdemos todos esos detalles. Aquí puede darse todo un abanico de posibilidades, cuanto menos entrenados estemos, más rápida va la película y a la inversa. La película a la que me refiero es nuestra propia vida, todo lo que hacemos, sentimos... se queda grabado en la memoria y el poder ver cómo este fenómeno sucede se llama autoobservación. Cuanto mejor es la concentración, mejor será la observación de uno mismo. Aquí cabe señalar que la observación no se hace sobre los sentidos sino sobre nuestras reacciones, es decir, que estamos concentrados en la <u>respuesta</u> de la mente a los estímulos exteriores.

Un ejemplo sería enfadarse. Saber cuándo y por qué nos enfadamos, puede, bueno, para mí es esencial, jeje, que nos sea de mucha utilidad para mantener "la paz interior". Saber, y fíjate que digo saber, qué nos hace salir de nuestro estado de tranquilidad nos brinda una información valiosísima, ya que el saberlo es el primer paso para cambiarlo. Verse a uno mismo enfadado y reaccionando, gesticulando… es la mejor película que podemos ver, pero también nos sirve "pillarnos" más tarde (acuérdate, los 5 pasos de la conciencia). Con esa información podemos empezar a mejorarnos pero sin ella repetiremos los mismos patrones una y otra vez "caeremos en la trampa" del automatismo y las consecuencias son muy dolorosas. Podría decir que a cuanto más "dolor emocional" menos felicidad. Si cada día nuestros automatismos nos meten en "problemas", es normal que no vivamos felices. Actuar en contra de lo que siento me trae infelicidad por eso es sumamente importante la concentración.

La concentración, al irse mejorando, nos aporta el elemento clave para cambiar nuestros hábitos y si nuestra vida no va en contra de lo que "sentimos de corazón", será muy agradable. Es normal y muy acertado el pensar que una cosa es saber lo que tengo que hacer y la otra hacerlo. Muchas veces decimos: - ya sé lo que tengo que hacer, pero me cuesta cambiarlo. Mi visión al respecto es que el quien lo dice no sabe realmente. Utiliza la palabra *saber* de forma equivocada porque cuando sabes, cuando realmente sabes, no vuelves a "caer en la trampa" del automatismo, del hábito, y únicamente cuando veas la película mental con todo detalle puedes decir: ya lo sé. Mientras esto no suceda el hábito volverá a manifestarse y claro, está, si no mejoras tu habilidad de concentrarte, nunca lo "pillarás" y repetirás en toda tu vida el mismo patrón o puede que no, jeje, quién sabe. Hay algo que sucede cuando conoces un hábito tuyo, lo has visto varias veces y quieres cambiarlo; se llama *desesperación*.

La desesperación nos atrapa cuando después de intentar cambiar algún aspecto de nuestra personalidad muchas veces no lo conseguimos y tiramos la toalla. A todos nos ha pasado alguna vez, creo, ¿verdad? Pero sabiendo lo que sabes ahora, sobre cómo funciona tu mente ¿no lo ves normal? Sin entrenamiento yo no conozco, no sé cómo cambiar hábitos. Puede que logremos ejercer una voluntad de hierro sobre un hábito y consigamos mantenerlo a raya durante algún tiempo, pero eso no quiere decir que lo hayas cambiado, únicamente lo estás aplazando porque llegará un día en que te volverá a visitar. Eso es todo sobre la concentración, eso es todo sobre como la concentración nos puede ayudar.

El entrenamiento. ¡Ah! una cosa más, únicamente advertirte que si no te gusta practicar y tampoco te gustan tus automatismos no deseables, lo tienes complicado porque estás cerca de la frustración. Es como pretender ganar una maratón cuando uno, no aguanta ni 5 minutos corriendo, por mucho que quieras o lo desees no vas a ganar. Pero no me creas, pruébalo e inténtalo las veces que quieras, que si no entrenas, tus posibilidades son a mi forma de ver nulas. **Únicamente entrenando podemos llegar a un cierto nivel**, lo mismo que en este ejemplo de la maratón, no todos están preparados físicamente para soportarlo. También decir, que hay hábitos que en una vida nos serán imposibles de cambiar. Esta carrera que es la vida, no es de 80 años o 100 años… lo mismo que hay día y noche esto se repite hasta la eternidad. Nuestras vidas, nuestras cortas vidas se repetirán hasta la eternidad, dentro de un ciclo llamado Existencia Universal.

No lo puedo estar diciendo a cada momento, pero no puedo escribir ciertas cosas como si fuesen una opinión, lo escribo como una gran verdad. Recuerda que aunque lo hago, es una **gran verdad personal** y no quiero convencerte, no lo necesito. Si sientes que lo hice o hago, disculpa, es mi forma de ver la vida y tengo plena seguridad en lo que escribo, simplemente quiero trasmitir lo que siento, trasmitir una información y motivación. Gracias por entenderlo. Om Shanti.

Muchas personas pretenden cambiar sus hábitos "luchando". Cuando digo luchar, me refiero a que quieren quitarse ese hábito, ese automatismo de la mente. A mi forma de ver es un gran error y lo explicaré con un cuento inventado por un servidor para explicarme a mí mismo, lo que ahora te voy a decir: **es una pérdida de tiempo el luchar, únicamente conseguiremos refrescar, engrandecer aún más el viejo hábito.**

Cuento: EL ROSAL

Érase una vez un Rosal que vivía en un jardín. Tenía dos rosas: una era grande y negra, la otra pequeña y blanca. El rosal quería deshacerse de la rosa negra porque no le gustaba. Al parecer, asustaba a las personas que pasaban por delante y decían que era un rosal maldito.

Él, cada día ponía casi toda su energía en querer quitar a la rosa negra, pero no lo conseguía. Por el contrario, cada día que lo intentaba, la rosa negra era más grande. La gente, en cambio, se paraba enfrente de su rosa blanca. Era pequeña, pero brillaba con una luz propia. El rosal quería que la rosa blanca fuese más grande y brillante, pero esta no crecía. Cada día se esforzaba, ponía toda su atención, su energía en hacer caer a la rosa negra, pero está crecía y crecía.

Un día vino el jardinero a cuidar el rosal y este aprovechó el momento para contarle su preocupación. El jardinero escuchó atentamente cuál era el problema del rosal, pero él no podía cortar una rosa negra tan bonita y tan brillante. Al rosal no le parecía ni tan brillante, ni tan bonita y volvió a insistir al jardinero que le cortase la flor negra.

El jardinero amaba a las dos flores por igual, no veía diferencia entre una y la otra, únicamente era cuestión de tamaño y color, pero le dio un consejo:

- sí cada día pones tu energía en querer hacer caer a la rosa negra lo que estás haciendo es lo contrario, la estás alimentando y en cambio descuidas a la blanca.

El rosal se quedó petrificado, en ese momento comprendió que al poner toda su atención en la rosa negra lo que estaba haciendo es dirigir la savia, la energía, toda la alimentación hacia la rosa negra.

- Comprendo, dijo

Y se propuso cambiar las cosas. Ahora cada día intentaba concentrarse en la flor blanca, verla más hermosa y grande. Dejó de prestarle atención a la rosa negra. Con el tiempo la rosa blanca fue creciendo y cada vez era más hermosa y brillante. La gente se paraba y se hacía fotos con ella. El rosal estaba la mar de feliz.

Un día se le ocurrió mirar, en donde recordaba que había estado la rosa negra, tenía curiosidad de saber si la rosa negra había desaparecido, pero la rosa negra aún estaba ahí. Era pequeña y de un color negro brillante. El rosal no entendía nada, cómo era posible que aún estuviese ahí, no le "cabía en sus ramas". La quería fuera y pensó que como era pequeña ahora podría soltarla, así que cada día ponía un poco de empeño en soltar a la pequeña rosa negra. Su sorpresa fue ver que la flor blanca ya no era ni tan grande, ni tan brillante. En cambio, la rosa negra se había hecho más grande.

- no lo entiendo- replicó el rosal. ¿cómo me puedo deshacer de esa maldita flor?

Después de patear y despotricar durante un buen rato, le vino el recuerdo de lo que el jardinero le comentó.

- ¡AAAAHHHHH! respondió para sí misma, ya entiendo, he cometido el mismo error.

A partir de ese día enfocó toda su energía en la flor blanca y esta creció y creció. Pero la curiosidad pudo de nuevo otra vez con el rosal y dirigió su atención hacia las ramas en donde recordaba que un día estuvo la rosa negra. Su sorpresa fue que aún estaba ahí, era mucho más pequeña que la última vez que la vio pero lucía bonita y brillante. Esta vez pensó:

- Pero bueno, no sé por qué aún está ahí. Cuando regrese el jardinero, ahora que es pequeña, ya no le dará lástima el cortarla.

Pasaron los días y el jardinero regresó. El rosal, convencido de que el jardinero accedería a su petición le preguntó:

- Jardinero, ahora que es pequeña, me puedes cortar

la rosa negra.

Y el jardinero respondió lo mismo que la otra vez. Para él, aunque fuese pequeña, era una florecilla hermosa y no la podía cortar. El rosal molesto le preguntó:

- ¿y entonces cómo puedo deshacerme de ella? Ya hice lo que me dijiste, pongo toda mi energía en la flor que quiero, pero la otra no se cae, no desaparece.

El jardinero, sonriendo y con mucho amor, le contestó:

- no puedes hacer desaparecer algo que forma parte de ti, aunque pongas toda tu energía en la flor blanca siempre un poco de esa energía irá a la negra.

No entiendo, respondió el rosal y el jardinero con otra sonrisa en sus labios respondió:

- una vez que una flor germina, por mucho que lo intentes, la energía permanecerá ahí. Es tu naturaleza, una rama siempre dará rosas blancas y las otras negras. Depende de ti cuál quieres que luzca más, pero no depende de ti cambiar tu naturaleza.

Colorín y colorado este cuento ha terminado, jejeje.

Os propongo dejar de luchar por quitar, cambiar la vieja educación y pongamos todas nuestras energías en lo nuevo, en lo que realmente sentimos de corazón. Pongamos toda la atención en la nueva educación.

REALIDAD VS IRREALIDAD.

¿Qué es real y qué no lo es? para mí lo real es lo que percibo con mis cinco sentidos. Pondré un ejemplo. Si cogemos un número grande de personas y las ponemos delante de una pared y les preguntamos si para ellas es real, estoy seguro al 99,99 % que para todas ellas esa pared será real. No importa si después se demuestra lo contrario, en ese momento, para determinar si es real, utilizaremos los sentidos que tengamos. Un ciego la tocará, una persona sin tacto la mirará, ¿pero qué pasa si es ciega y sin tacto? ¿Podría decir que Real? Pues me pongo en ese caso y observo que no puedo traspasar el objeto, no importa si es una pared u otro objeto sólido, al no poder traspasarlo me indicará que eso es real. El cuerpo, los objetos... en general, la materia, son reales a nuestros sentidos. Te preguntarás por los sueños, ¿verdad? En un sueño las cosas parecen muy reales incluso en sueños en los que podemos sentir que todo lo que sucede en ese "espacio virtual" realmente está sucediendo. Podemos sudar, nuestro corazón puede acelerarse, podemos incluso sentir dolor... Podríamos decir que un sueño es real, sentimos cuando estamos en él pero para mí eso no es cierto y explicaré el porqué. En un sueño, cuando te cortas con un cuchillo, al despertar no tienes un corte en el cuerpo. Entonces, ¿cómo funciona?, ¿qué pasa en el sueño? A mi forma de ver, los sueños son recuerdos (memoria) y cuando "sentimos" (puesto entre comillas) realmente no es que estemos utilizando algunos de los cinco sentidos si no un recuerdo de estos. La mente lo almacena todo, ¿recuerdas que lo expliqué?, incluso lo que sientes y como lo sientes. En la fase de sueño estos recuerdos vuelven a aparecer y se manifiestan en la mente como una copia de los originales. Estos "clones" hacen creer a la mente que algo está sucediendo cuando en realidad únicamente es imaginación.

La imaginación es la capacidad que tiene la mente de acceder a recuerdos (memoria), observarlos, mezclarlos, ordenarlos... puede hacerlo de forma voluntaria (visualización) o involuntaria (sueños). No es fácil escribir esto porque hay tantas combinaciones que me dejo cosas y no quiero que sea más lioso de lo que es. Para mí es fácil, conecto con lo que sucede en mi mente y veo sus procesos, pero explicarlos, es otro cantar. Quedan cabos sueltos, e intentaré explicar las posibles preguntas que tengas, imaginando que yo soy tú. ¡Vamos allá!

Todo está entrelazado, pensar, visualizar, observar, imaginar... y en un proceso intervienen, en mayor o menor medida, los otros. En el caso de imaginar veamos cómo funciona al detalle.

Para que pueda hacerlo, primero de todo tengo que tener memoria, sin recuerdos no hay imaginación. Un ejemplo sería imaginar un objeto que no exista, ni total ni parcialmente y que no esté hecho de otros objetos. En mi opinión no podrás, no podemos imaginar aquello que nunca hemos visto, siempre utilizamos la memoria. Podemos coger la imagen de un elefante y ponerle cuerpo humano o patas de león. Podemos mezclar nuestros recuerdos y "CREAR" algo nuevo que no existe realmente. Eso sería imaginación, fantasía, ensoñación... un mundo irreal en donde esos objetos únicamente cobran vida en nuestra mente. Puede ser que una vez hecha la mezcla de imágenes seamos capaces de crearlo en un mundo 3D pero esos objetos serán inanimados, carentes de vida. Por el momento la capacidad de dar vida a los objetos es imposible, ese código está oculto a nuestras posibilidades. No somos capaces, con toda la tecnología de que disponemos, de crear un simple grano de arroz. Desconocemos cuál es el código para que la materia cobre vida. Pero como cocreadores podemos hacer figuras, inventos... ¿he dicho inventos?... incluso los inventos son una simple copia de lo que vemos en la naturaleza. ¿Inventar, inventar...? diría que no. Yo diría que al verlo en la naturaleza intentamos copiarlo. La electricidad ya estaba en las luciérnagas antes que la inventásemos. La radio (el eco), la rueda (piedras redondas), etcétera. Todo lo que hemos inventado ya estaba a nuestro alcance, a mi forma de ver, no existe invento que no esté emparentado con algo que ya estuviese. Evidentemente que lo hemos perfeccionado, hemos juntado piezas y hemos logrado hacer cosas increíbles pero siempre con ayuda de la naturaleza. Según mi opinión, somos copiadores, sí, eso sí, con imaginación de juntar piezas e "inventar" cosas nuevas.

Para imaginar también necesitamos visualizar para llevar los recuerdos al punto de enfoque. La diferencia entre imaginar y visualizar está en que cuando **visualizamos tenemos una imagen real** de los recuerdos e **imaginar es una imagen inventada** que se compone de imágenes reales.

Un ejemplo sería visualizar tu mano. Primero la miras, cierras los ojos y tratas de recordarla sin abrirlos. Tratas de enfocarte en el recuerdo que tenías de tu mano antes de cerrar los ojos. Sería como si tomásemos una foto mental de nuestra mano. En cambio, imaginar sería ver tu mano con seis o más dedos. Lo imaginado no existe en la vida, es irreal.

Entonces, para visualizar llevamos el foco a la parte de la mente en donde guardamos los recuerdos, la memoria, seleccionamos la foto deseada y la mantenemos en la pantalla mental. Buscamos unas imágenes (en plural, porque imaginar consta de varias imágenes) y las llevamos a la fabricación y montaje, un área de la mente encargada de crear (creatividad), entonces el resultado se devuelve a la memoria y así tantas veces como queramos.

Quiero señalar que cuando visualizamos, la mente tiende a dotar de movimiento y nos cuesta mucho, para alguno es imposible, el ver una imagen fija en la memoria, también llamada pantalla mental. Esto sucede por la naturaleza de los sentidos, para ellos nada está estático, sino todo lo contrario, todo se mueve y por eso se guardan en la memoria con movimiento.

Bien, espero que esté más claro, dentro de lo complejo.

Veamos otra clase de irrealidad, siguiendo con el ejemplo de la pared que hemos preguntado a muchas personas. Si la pared es alta o baja, la respuesta aquí sí que cambia de una persona a otra. Si uno ha vivido en un sitio donde las paredes son altísimas diría que nuestra pared, la del ejemplo, es más bien baja. Si es lo contrario, que ha vivido en casas con techos bajos diría que la pared es alta.

Aquí lo que quiero es que veas que los adjetivos de alta y baja dependen del observador. ¡La pared es!, pero como la definimos, como la interpretamos, es lo irreal. Lo mismo pasa con las cosas que son buenas, malas, apropiadas, inapropiadas, guapas o feas... todo este tipo de interpretación se fabrica en la mente según nuestra educación (información). Realmente no existe un hombre bueno o malo. Existe un hombre, eso es lo real, bueno o malo es nuestra definición aprendida. Si te educas en la India, es bueno comer con las manos pero si te educas en España, el comerse un plato de arroz con los dedos es una guarrada. Entonces podríamos preguntarnos si vivimos en un mundo real o irreal. La respuesta: es las dos. Es real lo físico e irreal lo mental.

La naturaleza de la mente, únicamente es real para la misma mente, pero no lo es fuera de ella.

Nuestros pensamientos, emociones... no son reales para los demás porque no se pueden sentir. Podemos acompañar a nuestras emociones de movimientos para expresar lo que sentimos, pero son muy limitadas. Cuando abrazo a alguien, mis movimientos son los mismos tanto si es muy conocido como si no lo es. Me es complicado el poder manifestar lo que siento en ese momento y persona, con solo un abrazo. Además, no es lo mismo un abrazo en España que en la India, el mismo gesto en la mente de uno es diferente en la del otro. Por muchos recursos que utilicemos, gestos, palabras... nuestra mente no es capaz de trasmitir de forma precisa qué es lo que siente. De ahí la naturaleza IRREAL de la mente.

Podemos observar cómo reaccionan nuestros egos, pero no podemos observar lo que ocurre en la mente del otro.

Entonces, si somos coherentes veremos que lo que no percibimos no existe, y remarco <u>para nosotros</u>, hasta que seamos capaces de observarlo de alguna forma.

¿Qué pasa si uno tiene más sensibilidad que otro? Puede darse el caso, jeje, mejor dicho, me doy cuenta de que todos tenemos sensibilidades diferentes. Voy a poner un ejemplo. En invierno y en verano las temperaturas cambian en gran medida. Una persona podría decir: - qué frío que hace, y la otra responder: -

qué me dices, sí estamos en verano y hace una temperatura ideal esta noche-. Para liarla un poco más, una tercera tendría calor. Las tres discuten sobre la temperatura y cuál es la que tiene razón termómetro en mano. ¿Tú qué opinas?, ¿es real o no? Aquí, para mí lo real es que el termómetro marca lo que marca pero 25 grados para uno, es frío, para el otro, perfecto y para el otro, calor. Lo irreal es quererse poner de acuerdo, jeje. Nadie miente y es real para cada uno de ellos, pero como he dicho, no podemos compartir lo que sentimos de una forma directa y clara. Entonces vivimos en un mundo donde la realidad es particular, podemos y de hecho lo hacemos, jugar a las aproximaciones. Hay personas que sienten algo muy similar y entonces creamos el llamado sentir Social, "grupal". Pero en realidad no es cierto, no sentimos lo mismo y lo único que hacemos, es ser tolerantes en unos grados arriba o abajo. Pero cuando no lo somos, tendemos a defender con uñas y dientes nuestra sensibilidad, nuestra percepción de la realidad. ¿Cómo puedo dejar que me digan que es lo que siento? ¿Por qué debo aceptar por correcta una cosa que no lo es? Pues como pasa en numerosas ocasiones, defendemos nuestra verdad, defendemos nuestra realidad porque si no lo hacemos, eso significa que estoy equivocado y yo no soy el que lo está. Yo siento frío en mi espalda, siguiendo el ejemplo anterior, qué me van a decir que no hace frío si yo lo siento. Entonces la intolerancia nos lleva a la discusión, y esta al enfado inevitable porque dos o tres... intolerantes no pueden encontrar un punto medio. Un sentir común.

¿Qué es la libertad y el libre albedrío, existen de verdad?

He hablado mucho de este tema con amigos y conocidos, unos dicen una cosa y otros dicen otra, como suele suceder. Jeje. Te explicaré mi razonamiento al respecto y empezaré por el final. Para un servidor existen la libertad y el libre albedrío pero siempre dentro de unas leyes de las cuales no podemos escapar. Para decirlo más claro, un pájaro encerrado en una jaula es libre de ir a donde quiera dentro de la misma jaula. Sí, sí, lo sé, este ejemplo no es a lo que muchos se refieren como libre albedrío. Este ejemplo es muy físico, ¿verdad? Algunos se refieren a <u>si todo está predestinado o somos libres</u> de escoger nuestro propio destino.

Hay muchos tipos de determinismo según la ciencia, la religión... pero me parece que todos tienen algo en común, en ellos no existe el azar. En todos los campos y materias la base es que toda causa tendrá un efecto determinado. No puede pasar nada más, que lo que tenía que suceder, no lo podemos cambiar. Si se conoce la causa se conocerá el efecto. Estoy haciendo una mezcla, pero básicamente es eso.

Mi visión es eso, una mezcla de todo. Para mí hay un patrón a seguir: estamos determinados biológicamente, socialmente, económicamente, geográficamente... Todo nos condiciona, es cierto, y si no sabemos cómo lo hace, si somos ignorantes a estas fuerzas externas, estamos determinados a actuar de una forma muy predecible. Tenemos hábitos sociales, culturales, geográficos... y como dije, los hábitos son automatismos y si los conoces puedes "guiar, conducir, manipular..." a las masas para que hagan o actúen de una forma determinada. Esto ya está sucediendo. Algunos medios de comunicación nos manipulan para hacernos reaccionar ante estímulos de diseño. Los que están haciéndolo quieren el control de las masas para moverlas como títeres en la dirección que ellos necesiten. Igual que un pastor con su rebaño. Las religiones fueron las precursoras de estas técnicas de "control de masas". ¿Aún crees que tienes libre albedrío? Estamos condicionados por tantas cosas, que si en verdad no estás atento, atenta, acabarás haciendo lo que la mayoría hace. La manipulación en algunos medios de comunicación es tan aberrante que una misma noticia en diferentes medios es tan diferente que te cuestionas quién dice la verdad. No hay que decir, de sobra lo sabes, que continuamente nos bombardean con mensajes subliminales.

Tu mente no es libre a los estímulos exteriores, únicamente si la entrenas te podrás dar cuenta de que eres un experimento social.

Desde pequeños fuimos educados con estas técnicas de control social, primero fueron nuestros padres y antepasados, luego, lentamente, esos que quieren el poder han conseguido hacernos creer que necesitamos todo lo que nos ofrecen. Ya se lo hicieron creer a nuestros padres, abuelos…, que tenían que trabajar para poder tener una clase de vida moderna. Había que ir al banco a pedir préstamos porque así podías tener lo que deseabas. "Te ayudan", cada día a desear cosas que ni siquiera te hacen falta. Nos hicieron creer tantas cosas, tantas mentiras y nosotros, pobres ovejitas desentrenadas, caímos en sus redes de codicia y avaricia. Bueno, que le vamos a hacer, lo hecho, hecho está, jeje.

¿Continúas creyendo que eres libre?

Pero si eres religioso, estás salvado, porque todo esto es un plan de Dios. Muchos creen que hay un plan divino en todo lo que ocurre y que no hay que preocuparse. Las cosas suceden así porque tenían que suceder. Yo también creo que hay un plan divino de la inteligencia creadora, pero se diferencia mucho al dicho. Yo creo que hay un plan en general pero no individual. La energía creadora es cíclica y libre, lo mismo que el planeta tierra que da vueltas alrededor del sol sin importar que hagamos los humanos. Un día todos los planetas "caerán al sol" y todo se desintegrará porque ese es su destino. Todo está programado para que algún día deje de existir. Los planetas engullidos por el sol, el Sistema solar por la galaxia, las galaxias por el universo y quién sabe, todo vuelva a empezar.

¿Qué es ser libre?, cuando sabes que la muerte te ha dado una vida de ventaja porque sabe que te atrapará.

Pero no todo está limitado, fijo y predecible. En el siguiente párrafo hablaré de la libertad real.

LIBERTAD FÍSICA Y LIBERTAD MENTAL

Toda materia está programada para desaparecer, no podemos escapar a esta Ley. Por lo menos por ahora. No importa lo bien o lo mal que lo hayas hecho, vas a morir. Estamos condicionados por la herencia del ADN, condicionados por la educación, el país en que nacemos, dónde nacemos o en qué familia nacemos, condicionados por las leyes sociales, por la programación social... por tantas cosas, que lo único en que podemos ser libres, en cierta medida, es en lo que pensamos. En ese espacio, si estás entrenado, nadie, nadie puede detenerte, no pueden saber lo que piensas o lo que realmente deseas. Al menos por ahora eres libre de pensar, imaginar, desear... ¡Sí!, ese es el mayor poder que tenemos.

Te explico mi teoría e investigaciones. Para mí, todo está determinado por nuestros deseos, todo lo que deseemos sucederá en alguna de nuestras vidas futuras o en la actual. Todo lo que vivimos en esta vida mayoritariamente son los deseos que están por cumplir de vidas pasadas.

Este es mi regalo para ti

Si aprendemos a desear, llegará un día en que deseemos no desear y todo este juego se habrá acabado.

Mi visión es que el deseo de hoy, determinará nuestras acciones futuras. Ahora es el momento de desear una vida mejor. Si lo deseas con todo tu corazón eso es lo que sucederá, no hay otra alternativa, el universo escucha nuestros deseos para continuar jugando al juego de la vida.

Eres, somos libres de pensar, desear... lo que queramos, somos cocreadores de todo este tinglado, aprovéchalo y sácale partido. Entrena a tu mente para que sea todo lo libre que pueda. ¡NADIE PUEDE DETENERTE! solo tú decides ser Actor o Director en esta película universal. Los actores representan el papel que se les ha dado, unas veces bien, otras sufren... el director sentado en su silla lo observa todo sabiendo que es una película.

EL PENSAMIENTO O ACTO DE PENSAR

Ya hace años que escribí esta frase:

Tú no eres lo que piensas, pero piensa lo que eres.

¿Qué es pensar y cómo funciona?

Según mi visión, es la capacidad que tiene la mente de escoger cómo reaccionar ante los estímulos. Está estrechamente relacionada con el modo de aprendizaje. La mente, como he mencionado anteriormente, almacena todo lo que siente en la memoria y cuando nuevos estímulos son recibidos, <u>tiene la posibilidad, si así lo decide</u>, de comparar esos estímulos con otros del pasado (recuerdos) y frenar la reacción. La mente, la comparación la hace tomando como referencia el programa inicial, el que viene de serie, de protección. Si lo que recibe a través de los sentidos es mejor opción que la información que tenía almacenada, escoge reaccionar a favor. La mente, en la mayoría de personas y casos, escogerá lo opuesto al dolor. El dolor le indica que está en peligro, así su elección natural será la de alejarse del dolor. Con el paso del tiempo la mente se polariza y registra una nueva posibilidad, el placer. Aquí puedo y hay que explicar, que podemos acostumbrarnos al dolor o a un cierto dolor e integrarlo y de alguna forma "sabotear" el programa que llevamos de serie y creer que un dolor extremo o un placer extremo es lo natural. Quiero decir que nos podemos acostumbrar, y en realidad lo hacemos, a confundir qué sentido tiene el dolor porque está en nuestras vidas.

Cuando somos bebés nuestro cuerpo reacciona ante la falta de alimento y las células emiten señales de dolor. Estas señales llegan a la mente que las interpreta como un peligro. Pero hablamos de un bebé recién nacido ¿cómo puede pensar un bebé? Pues en mi opinión no lo hace todavía sino que en su lugar existe en su memoria un automatismo que se llama llorar. Al recibir las señales de dolor el bebé actúa de forma automática según el código que viene de serie. Pero esto no únicamente nos pasa de bebés, estos automatismos son los encargados de nuestra supervivencia y reaccionan siempre ante estímulos de peligro. Por poner un ejemplo, cuando nos quemamos no tenemos que pensar si sacamos o no la mano, simplemente hay un automatismo que lo hace por nosotros, no es necesario el pensar porque no hay tiempo, se requiere de una respuesta rápida y el pensar es más lento, tan lento como que a veces no tomamos una decisión. Jejeje.

Explicar la duda, suicidio, placer al dolor, el pensamiento futuro, anticipación, el pensamiento pasado etcétera.

El pensamiento está íntimamente relacionado con las opciones y no es posible contemplar una opción que no guardemos en la memoria. Como he dicho anteriormente, de la imaginación, no podemos imaginar aquello que no existe ya en nuestra realidad. Fíjate que no digo que hayamos tenido esa experiencia, aquí el conocimiento nos sirve de gran ayuda. Pongamos un ejemplo: Estamos delante de un precipicio y tenemos la opción de saltar, en este ejemplo no hace falta la experiencia propia sino que la experiencia de otros nos facilita el tomar la decisión más beneficiosa. Más adelante hablaré de suicidio. Por eso he puesto beneficiosa y no he utilizado las palabras: decisión correcta. Tampoco he comentado lo alto que es el precipicio, ni tampoco, que hay después de él o nuestras capacidades o habilidades pero muchos ya tenéis una imagen de ese precipicio en vuestra pantalla mental e incluso algunos habéis sentido miedo con el simple hecho de oírlo. Entonces tenemos "clases" de pensamientos en función de lo que tengamos en la memoria. La memoria lo almacena todo, ¿recuerdas que expliqué cómo funcionaba?, pues los recuerdos pueden ser: reales, irreales (inventados), nuestros (experiencias), prestados (conocimiento, educación…).

Aquí es cuando la liamos porque podemos manejar opciones de cosas irreales o no experimentadas. Pongamos un ejemplo: Estoy delante del precipicio y mi automatismo me hace sentir miedo y empiezo a temblar, pero a la vez en mi memoria tengo archivado esto:

- opción 1: puedo saltar porque yo no moriré. Será mi cuerpo el que morirá. Yo soy un ser inmortal.
- opción 2: lo puedo conseguir, sé que cuando era joven podía saltar esto y mucho más.
- opción 3: mi hermano saltó y no le pasó nada.
- opción 4: puedo saltar a ese lado y al otro y así hasta llegar al final.
- opción 5: puedo intentarlo, me veo capaz, y si fallo, pues mala suerte.

¡Esto va a ser divertido! No voy a juzgar las opciones, todas ellas son probables y que simplemente cambiando el escenario puede que cada uno de nosotros, en algún tiempo atrás, hicimos o más adelante podemos contemplar.

Las cinco opciones, pueden ser muchas más, están en la memoria del sujeto, cuál escoja, tendrá que ver con la seguridad que tenga de ella. Básicamente esa seguridad no únicamente se basa en las experiencias, información que tengamos de esta vida sino que también, a mi forma de ver, de todas las vidas (existencias). Cuando la mente se pone a pensar qué hacer, cómo reaccionar, no únicamente accede a la memoria neuronal sino que también lo hace a la Universal. Entonces puede darse y en mi caso se da, que actuemos con una seguridad increíble cuando se desafía a toda lógica. Si te preguntas cómo tomaste esa decisión, no puedes contestar y a lo sumo puedes decir, - así lo sentí.

Entonces veamos cada una de las opciones:

La opción 1: es irracional, imaginativa... no hay nada racional que nos indique que tenemos un alma inmortal pero si estamos hartos de la vida que llevamos y ya queremos dejar este mundo y el convencimiento, ¡atención!, es muy, muy fuerte, de que es así, el miedo desaparece y el automatismo no funciona porque no hay nada que proteger. En este caso el convencimiento es muy fuerte y nos ayudará a llevar a cabo la opción del suicidio. Hay otra posibilidad que también se da, y es que la persona quiera escapar de un sufrimiento corporal o mental y la opción a morir sea mejor que la de vivir.

Vamos por la segunda: escoger una opción basándonos en lo que éramos capaces de hacer en el pasado. En la memoria se guarda todo, pero a veces no se guarda completo, quiero decir que guardamos todo lo que somos capaces de captar con los sentidos pero la fecha en que sucedió muchas veces se entremezcla y no sabemos cuándo realmente sucedió. Al recuperarlo de nuevo, el recuerdo parece que sea actual, que para esa posibilidad no ha pasado el tiempo y nos vemos tomando decisiones basadas en nuestro yo del pasado. Es como si el ego se resistiese a envejecer, jeje.

Opción 3: nos basamos en la experiencia de otros a tomar nuestras decisiones, puede que funcione o puede que no, normalmente, es que no. No somos esa otra persona. No disponemos ni del conocimiento, ni de la experiencia, ni de su cuerpo y habilidades. Muchas cosas juegan en contra nuestra.

Opción 4: esta me gusta mucho, jeje, será que la utilizo mucho; arriesgarse. El automatismo de protección te frena (miedo), pero eres capaz de sortearlo infundiéndote valor. Manejas las posibilidades en función de tus capacidades, te ves preparado para seguir todos los pasos, para alcanzar tu meta y manejas probabilidades. Los posibles escenarios se ven realizables en tu mente, eres coherente al escogerlos, no te auto engañas, sabes bien de lo que eres capaz de hacer y todo indica que si no cometes un error todo saldrá bien. Pero no te detienes en únicamente estas opciones sino que incluso contemplas las posibilidades futuras. Esto es muy interesante: cómo la mente es capaz de observar el futuro y pronostica un resultado; a esta parte se la llama "cálculo" lo veremos más adelante. Pues manejando las hipotéticas situaciones en las que arriesgándote decides si merece la pena o no. Para otros con sus habilidades te podrán decir que estás loco por el simple hecho de intentarlo pero ellos no son tú y es normal que intenten ponerte en razón o infundirte el miedo que ellos tienen.

La opción 5 es similar a la cuatro pero aquí el nivel de riesgo es alto. El deseo de hacerlo puede más que la realidad de tus verdaderas posibilidades. En esta opción no te paras a pensar en si algo sale mal, simplemente lo haces y que sea lo que Dios quiera, jeje.

Todos, y digo todos sabiendo lo que digo, tenemos de tomar decisiones continuamente. Puede, no lo sé, únicamente puede, que al menos la mitad de nuestro tiempo nos lo pasemos pensando, manejando acciones, tomando decisiones. Cada instante hay que decidir sobre algo. La vida no se detiene y los impulsos, estímulos no se detienen. Hay que decidir. Los humanos cuando nos sentimos mejor o en paz, no digo todos, sino la mayoría, es cuando tenemos una rutina.

Una rutina nos permite relajarnos de pensar. La rutina crea automatismos que son de gran utilidad. El ahorro energético es muy, muy alto y sentimos incluso placer al no tener que pensar. Todo va sobre ruedas como se suele decir, jeje. En la rutina diaria aparecen automatismos más o menos complejos. Nos levantamos, duchamos, desayunamos, conducimos, tomamos el bus… trabajamos, regresamos, comemos, volvemos a trabajar, quedamos… y así cada día.

Durante mucho tiempo, tienes un menú para desayunar, almorzar y cenar e incluso tienes tus momentos Kit-Kat programados, ir a hacer el café, fumarte un cigarrillo en un momento especial, quedar con los amigos, ir al cine a ver una película... en el trabajo incluso si estás en un departamento creativo al final se vuelve rutina, las vacaciones se vuelven rutina… vaya, que la mayoría son totalmente predecibles, jejeje. Incluso automatizamos cosas más complejas como conducir hacia la oficina. Al final del día, bueno mejor más adelante, jaja, al final del año son pocos los recuerdos importantes que te sacaron de tu rutina. ¿Y al final de nuestra vida? Sí, es verdad, la rutina nos da mucha paz y tranquilidad, pero también nos mata en vida. Lo que pasa es que todos los recuerdos se parecen tanto que no hay mucha diferencia entre un día y otro, los entremezclamos y todo se vuelve muy confuso. Si piensas cuántas cosas has hecho en un año, la mayoría, con unas líneas acabaría, 365 días resumido en unas pocas líneas.

¿Y tu vida cuántas líneas ocuparía?

La memoria es selectiva

Esto sucede porque solo guardamos en la memoria neuronal todo aquello que utilizamos más a menudo, si no lo refrescamos se borra de esta memoria selectiva pero no de la Universal. En la mayoría sucede así, un número de teléfono lo recordamos la mayoría de nosotros, siempre y cuando lo utilicemos, y si dejamos de hacerlo durante un tiempo (cada persona es diferente) este se nos olvida, es borrado. Todo tiene que ver con el ahorro de energía ¿para qué almacenar algo que ya no se utiliza a menudo? Hay personas con una gran capacidad para memorizar cosas, pero ¿y si no fuese cosa de capacidad? Yo tengo otra teoría, no es que tengan más memoria que nosotros sino que tienen la capacidad de acceder a la memoria intemporal, esa que he explicado como memoria universal. Incluso hay quienes dicen que pueden acceder al registro de memorias de otras vidas. Evidentemente, yo creo que es posible hacerlo, pero no me creo a cualquiera, hay muchas y muchos engañabobos por ahí. Todo eso es lo que creo... tenemos esa capacidad todos y a muchos de nosotros se nos han ha aparecido escenas, meditando, en sueños... de nuestras otras vidas. No puedo demostrarlo, pero si te ha pasado sabes de lo que hablo.

EL JUEGO DE LAS OPCIONES

Voy a contarte una cosa que he observado. A la mayoría de personas que conozco no les han enseñado a pensar. No sabemos tomar decisiones. Con este juego quiero que veas a lo que me refiero. Voy a pedirte que imagines, pero si te cuesta o no sabes, puedes intentar hacerlo con alguien que te ayude haciendo de mí, ¡vamos allá!

Imagina que estoy enfrente de ti con los brazos extendidos y los puños cerrados y te digo:

- Ram: escoge una mano, ¿derecha o izquierda?
- tú: (tu elección).

Ahora es cuando te voy a pedir que te esfuerces un poco para comprender el mecanismo del juego.

Esta va a ser mi pregunta: ¿cuántas opciones te he ofrecido?

Veamos, te he pedido escoger entre dos opciones: derecha o izquierda. Únicamente te he ofrecido esas dos (la mano derecha es una opción que tienes, la mano izquierda es la otra opción). Hasta aquí fácil, ¿verdad? Pero esta es la pregunta que puede no entiendas: ¿cuántas opciones reales tienes? Me refiero a que yo te he "obligado" a escoger entre una y la otra (que son dos) y tú crees que esas son las opciones que tienes. Aquí está la confusión, una cosa es lo que nos ofrecen y la otra **las posibilidades reales de ELECCIÓN**. Mejor no centrarse en lo que te ofrecen sino **en las posibilidades que tenemos, las opciones reales**.

¿No lo sabes? ¿Lo sabes? ¿Estás seguro?

Ahora empieza el juego me voy a cambiar de bando y vas a ser tú el que me ofrezca las dos opciones, vamos allá:

- Tú: Ram, escoge una mano: derecha o izquierda
- Mi respuesta: pues quiero las dos.

¡Eso es trampa!, puedes decir. No lo es, yo he escogido mi opción y esa opción es la de no hacer caso y escoger lo que yo siento. Como ves, aquí está la CONFUSIÓN de muchos.

Una cosa es lo que los demás nos dicen que tenemos que escoger y la otra, las posibilidades que tenemos Reales de Elegir.

Vamos a mejorarlo. Ahora que sabes cómo funciona, te vuelvo a hacer la misma pregunta ¿Cuántas opciones reales tienes cuando te ofrezco mi mano derecha o izquierda?; recuerda no confundirte con cuántas te ofrezco, son cosas diferentes.

Bien supongo que lo has hecho mucho mejor. Puedes escoger la mano derecha, puedes escoger la mano izquierda, las dos manos o ninguna. ¡Bravo! ya tienes cuatro opciones. En dos de ellas sí que sigues el juego y en las otras dos rompes las reglas, que eso también es una opción, ¿no? ¿O hay que ser siempre obedientes?

¿Se te ocurre alguna más? ¿No? pues te digo yo mi opción, atenta, atento: **es la de no quiero jugar**. Fíjate que no es lo mismo que decir ninguna, en esa estás jugando al juego. En esta quinta posibilidad he decidido **no jugar**. ¿Te viene alguna más? yo te mostraré otra, quiero jugar pero cambiando por completo las reglas del juego que tú me marcaste. Yo te digo: **no acepto tus opciones, pero te ofrezco las mías, escoge tú entre mi**

mano derecha o la izquierda. Esta es la sexta opción y la que menos utilizamos, pero antes de explicarla me faltan más. ¿Más, te preguntarás? Pues la respuesta es: infinitas. Hay infinitas opciones, pero vamos a ver cómo puede ser.

Otra opción más y la hemos utilizado mucho de pequeños es la que **otra persona escoja por nosotros**. Esa es la séptima. Me vas siguiendo, ¿verdad? En vez de escoger nosotros, la responsabilidad se la traspasamos a otra persona o a otras y de aquí sale que sean infinitas las opciones que podemos utilizar. Sí, sí, lo sé, este punto no te queda del todo claro, bien, más adelante voy a poner un resumen de las opciones. Ahora me falta una opción más: en vez de que otros elijan por mí, únicamente les voy a pedir su punto de vista pero me responsabilizo de tomar personalmente la decisión y escoger la opción que más me guste o crea conveniente. La diferencia está clara: en una, otros toman decisiones por mí, y en esta, considero las opiniones de familiares, amigos, profesionales… pero en última instancia el que elige es uno mismo.

Fíjate bien cuántas opciones tenemos y no las utilizamos:

- opción 1, derecha.
- opción 2, izquierda.
- opción 3, las dos a la vez.
- opción 4, ninguna.
- opción 5, no quiero jugar.
- opción 6, escoge tú la mano que yo te ofrezco.
- opción 7, que elija otro por mí.
- opción 8, escucho las opiniones de los demás, pero escojo yo.

¿Por qué nos sucede esto? La razón está en nuestra educación. De pequeños nuestros educadores siempre nos "han hecho trampas", **no, nos ofrecían todas las posibilidades** sino únicamente aquellas que a ellos les beneficiaban. Tus padres te solían decir: - ¿qué quieres, esto o aquello? Fíjate que es lo mismo que en el juego, únicamente te ofrecían escoger entre dos posibilidades, pero lo bueno, lo mejor de todo, es que con las dos opciones que ellos te daban a elegir, siempre, ellos salían ganando, de aquí a que he dicho que hacían trampas. No únicamente ellos, sino que lo hemos visto en la escuela, en la pareja, en el trabajo, etcétera incluso nosotros mismos lo hemos hecho a los demás. Una de muy típica es la de decir: - ¿qué prefieres, mar o montaña? pero date cuenta que la persona que te lo ofrece, normalmente, le gustan las dos opciones, casi nunca, a menos que sea muy honesta, te ofrecerá un trato en donde ella salga o exista la posibilidad de perder. Utilizo este lenguaje coloquial de ganar o perder para que sea más fácil la comprensión.

Nos han limitado siempre o casi siempre. Nos obligan en muchos casos a escoger entre dos opciones. Pero **¿qué pasa cuando ninguna de ellas te gusta?** Entramos en estado de negación, no queremos tomar ninguna decisión porque en las dos opciones ofrecidas salimos "perdiendo" o en desventaja. Incluso generamos odio o rencor por lo que nos obligan hacer. Sí, obligan, porque nos sentimos encerrados, tenemos que tomar la decisión menos dolorosa, pero al final, al fin y al cabo es dolorosa. Entonces ¿qué podemos hacer para no caer en este tipo de "trampas emocionales"? o mejor dicho, **chantajes emocionales**.

La información es poder.

Continuando con el juego y para responder a las preguntas de qué podemos hacer cuando te sientes atrapada/o, necesito descartar las anteriores opciones y ponernos en situación.

Si la mano derecha no te gusta, ni tampoco la izquierda, estás obligado a jugar y no aceptan tus propuestas únicamente te queda una opción y es escoger la mejor que puedas. De nada sirve patalear, odiar o enfadarse; hay que tomar una decisión. La solución está en las dos últimas opciones, a saber:

- opción 7, que elija otro por mí.
- opción 8, escucho las opiniones de los demás, pero escojo yo.

La séptima que otros elijan por mí, a mi forma de ver es muy mala opción, ya que eso funcionaba de pequeño pero ahora si alguien elige por ti y se "equivoca", que no es cierto que se equivoque sino que eres tú el primero en cometer el error de dejar que otros elijan por ti, a esa persona la culparás de tu mala suerte o de no haber escogido correctamente. Nuestro ego rara vez se culpa de las decisiones tomadas por otros, ya que la ceguera de pensar que otro tiene que responsabilizarse de mis actos, continúan muy presentes después del "error" y lo que hace, en vez de responsabilizarse, es generar odio hacia la persona que me quiso ayudar. ¡Ah! Pero si aciertas serás un héroe esclavizado. ¿Por qué digo esto? En primer lugar, a mi forma de ver, ya se comete el "error" de responsabilizarse de los actos de otros, tomar decisiones por los demás. Pero imagina que eres muy bueno tomando decisiones y aciertas ¿crees que aquí se acabó todo?, te subirán en un pedestal y te buscarán cada vez que tengan un problema. Este tipo de personas están acostumbradas a tener a un "sirviente" para que le solucione sus problemas, pero cuidado, una vez en el pedestal, no te equivoques, porque te van a tirar de él tan rápido como te subieron. Hay un dicho catalán que dice:

Haz muchas de bien y equivócate en una, que no habrás hecho ninguna.

A mí la que verdaderamente me gusta es la octava, e incluso si me gustó la primera o segunda opción o si me quedo con alguna otra, siempre utilizo la octava. **La información es poder** y con un ejemplo me expresaré mejor.

Imagina si puedes o quieres, jeje, que tenemos un diamante (este sería el problema o la elección) con muchas caras (estas, las opciones) y estoy enfrente de él. Por mucho que me esfuerce (y no vale moverse, jeje), no podré ver todas las caras, ¿verdad? pero ¿y si no estuviese solo?, que alrededor del diamante hubiera más personas y a esas personas se las pudiesen preguntar qué ven ellos desde su punto de enfoque. Si reúno toda esa información puedo tener una visión más clara, más completa, ¿verdad? Sí, sé lo que piensas, por eso he dicho *puede*. Toda esa información me sirve si realmente las personas que miran el diamante me dicen la verdad de lo que ven o a lo mejor, no es que quieran engañarme, sino únicamente ven lo que ven. En todo caso dispondré de mucha más información que mi único punto de vista ¿no es así? Pues con toda esa información puedo escoger mejor. Un caso real sería el de comprarme un electrodoméstico; cuanta más información tenga, sí, sí, te oigo y la sepa manejar, jeje, me será más fácil el poder elegir. A más información, más probabilidades de acertar. Está claro, que hay muchos "peros" en lo que he dicho: que no te engañen, que la sepas utilizar… y seguro que encuentras más, aquí lo importante es si ves más allá de unas cuantas caras. Jeje

La duda o dudar.

Pero qué pasa cuando las opciones se equilibran, me refiero a que después de mucho pensar nos quedemos entre dos opciones y cuando las ponemos "en una balanza mental" las dos pesan lo mismo. Dicho de otra forma: Tenemos dos opciones que nos gustan, cada una con sus pros y sus contras. ¿Qué hace la mente en esta situación? nosotros lo llamamos *dudar* pero la mente lo único que hace es entrar en modo inacción, no hace nada, no toma ninguna decisión al respecto y espera a que alguna nueva información decante la balanza en favor de alguna opción. Entonces cuando esto sucede, lo primero que hago es buscar más información de cada una de las opciones que tengo, así no me quedo mucho tiempo ante una duda. Resuelto, si hay duda, mejor buscar más información para poder elegir mejor.

Pero en el caso de otras personas que conozco, se quedan sin tomar ninguna decisión por periodos largos, muy largos... eso no es un problema, claro, está, pero sí que hay consecuencias. **Aunque dejes cosas sin resolver están aún en tu memoria** como algo que se tiene que resolver, y ese continuo "mal estar" te genera infelicidad, no estás tranquilo hasta que te lo sacas de la cabeza, ¿verdad?

¿Puede la mente adivinar el futuro?

Vamos a ver un proceso mental encargado del cálculo. Este proceso o función de la mente no se diferencia mucho con el de las opciones, la sutil diferencia está en qué tiempo trabaja. Cuando queremos elegir una opción, y hemos visto que la mente conecta con la memoria para sopesar la información, ¿cierto?, este proceso lo utilizamos a menudo o casi siempre en tiempo presente. Me explico mejor, que son decisiones que tenemos que tomar en cada momento, en el momento presente como si me levanto de dormir o me quedo más ratito, jeje. Pero hay decisiones que no se tienen que tomar al momento sino que hay tiempo de sobra para calcularlas. Un ejemplo de elección en el presente son las opciones de pequeños detalles. Cómo me visto, qué hago, qué compro... cada movimiento de nuestro cuerpo requiere de respuestas más o menos urgentes, pero se tienen que decidir ya, no podemos estar un día pensando en qué desayunamos o si nos levantamos... son decisiones muy rápidas. Pero hay otras, que son: **las decisiones futuras** y tenemos tiempo de sobra para pensar en ellas. Como este tipo de elección no requiere de urgencia, la mente las maneja casi igual que en el presente, pero con una pequeña diferencia, tiene mucho tiempo para pensar en las probabilidades hasta que llegue el día. O, jeje, que después es: corre, corre que te pillo. (No estoy diciendo la verdad completamente, en el caso de las decisiones "urgentes" también ocurre que tienes tiempo de sobra, pero únicamente una mente entrenada puede "pillarlo").

¿QUÉ SON LAS PROBABILIDADES Y CÓMO FUNCIONAN?

Para mí, hablando de decisiones, elecciones…, las probabilidades son opciones inexistentes o existentes que pueden ocurrir o suceder en un futuro más o menos cercano. Dicho esto, es la capacidad de este proceso mental de pensar, pero no en el presente, sino en un futuro hipotético. Las mentes no saben que pasará un instante más allá del momento actual. Yo no creo en los adivinos, que tienen la capacidad de saber el futuro, pero sí creo en los adivinos con capacidades muy desarrolladas de observación, jeje. Comentaros que la mente fabrica automatismos para casi todo y los utiliza a menudo, ¿verdad? Si estuviésemos viviendo juntos, podría "adivinar" qué es lo que vas a hacer mañana. ¡Cuánto más rutinaria sea tu vida, mejor para poderla adivinar! Jeje.

Sí cada día te levantas a la misma hora, te cepillas los dientes, te duchas… la noche anterior a que esto suceda, podría decir qué vas a hacer durante el día a grandes rasgos y no equivocarme. Pero también a nivel de pequeños detalles. Si siempre utilizas la misma marca de pasta de dientes, colonia, champú… los lunes desayunas lo mismo… vas a comprar el periódico, vas a hacer el café… imagina a qué grado, todo dependerá del grado de automatismos, rutina tengas en tu día a día, yo podré "ACERTAR" lo que sucederá. Estamos hablando de las probabilidades estadística… si los 365 días del año <u>haces lo mismo</u> el pensar que este <u>patrón</u> mañana también <u>lo repetirás</u> no es ser adivino, ¿verdad? <u>es pura lógica</u>. Como podrás apreciar he remarcado unas palabras clave. Voy a explicarlas porque estas nos ayudarán a comprender mejor.

Hacer lo mismo, patrón, repetir, todas ellas en última instancia significan lo mismo o están entrelazadas. Cuando hablamos de algo lógico me refiero a que, al repetir durante un tiempo una cosa, el número de veces (repetición) que recuerdo que sucedió es mayor al número en que varía, es lógico suponer que si lo haces muy a menudo se repita. Por ejemplo. Sí cada día durante un año te levantas a las 8 a. m. pero 30 días no lo hiciste, como es lógico pensaré que mañana te levantarás a las 8 a. m. Es lógico PENSAR que mañana no será una excepción. Veamos cómo trabaja mi mente al respecto. Como vimos, la mente tiene que reaccionar ante los estímulos sensoriales y esas reacciones antes de que sucedan son valoradas por la mente en función de lo que recuerda. Entonces la lógica es escoger la opción que más peso tiene, la que más veces se repite. Tenemos el recuerdo de las veces en que se repitió y las veces en que no sucedió y como las que sí se repiten tienen más fuerza, la respuesta es bien sencilla, automáticamente escogemos esas. No podemos muchas veces hacer nada, es automática la respuesta de la mente, suma las veces que recuerda y hace una comparación y nos muestra un resultado como he dicho, una estadística de lo que puede pasar. Un ejemplo sería lo que llamamos *precaución*, que explicaré ahora, pero únicamente mencionar que es una forma de estadística. Nuestra mente se basa en los recuerdos y los cuantifica para "pronosticar", adelantarse a lo que puede suceder. Es una respuesta automática en forma de precaución o miedo.

¿QUÉ ES LA PRECAUCIÓN Y QUÉ ES EL MIEDO?

La precaución se diferencia del miedo en muchos aspectos pero el principal es que el miedo es automático y la precaución es lógica. Si conducimos en una carretera mojada nuestros recuerdos nos muestran la posibilidad de un accidente porque el coche es menos seguro con agua que en seco. Esto está en nuestros recuerdos, entonces disminuimos la velocidad hasta sentir esa seguridad; a esto yo lo llamo *precaución*. El miedo, en el mismo ejemplo, no desaparecería aunque disminuyésemos de velocidad porque hay una respuesta automática de protección y nunca sentirás seguridad. La precaución se basa en la lógica, en una probabilidad. A más velocidad, menos control. Aquí es cuando la lio, jeje. Podría decir que lo que es lógico para algunos, es ilógico para otros. Es normal, ¿no? Sí la lógica se basa en los recuerdos que tenemos, propios o de otros, esa información en cada persona es diferente, ¿me sigues? En el ejemplo anterior, para mí sería lógico disminuir la velocidad porque ya he tenido "sustos" conduciendo sobre mojado, pero cuando empecé a conducir de más joven lo veía ilógico. Incluso la misma situación a una edad u otra nos parecen diferentes. La lógica, como te he dicho, se basa en toda la información almacenada (memoria), no importa si tenemos o no experiencia o conocimiento. Es simplemente información. Utilizando el ejemplo de conducir, no importa si nosotros hemos tenido sustos o un accidente con la calzada mojada, el simple recuerdo de que alguien lo ha tenido es suficiente para que lo tengamos presente. Pero la lógica es una respuesta semiautomática y la información de que disponemos **no es siempre Real**. Otras personas pueden trasmitirnos información "falsa", puede ser que sea con conocimiento o simplemente por el boca a boca. Me explico mejor: Quiero decir que nos pueden traspasar miedos sin que seamos conscientes de ello. Algunas veces pueden ser útiles y otras, un desastre para toda nuestra vida. Vamos a ver.

¿Es bueno tener miedo o mejor no tenerlo?

Como he dicho en alguna parte, el miedo es esencial para la supervivencia, sin él, no tendríamos en cuenta muchos factores que podrían hacer que nos matáramos o suicidáramos fácilmente a la mínima que la mente se sintiese desbordada. Es una protección que tenemos de serie para no autolastimarnos. Pero para mí hay de base dos tipos de miedos: Aquellos que nos protegen y aquellos que nos paralizan. Hay miedos a cosas físicas, pero también hay miedos a emociones, sentimientos, pensamientos... Todos nuestros miedos tienen un común denominador y es la IGNORANCIA. El temor a lo desconocido, el miedo raíz de la mente. La mente le tiene miedo a todo lo desconocido. Eso es en parte útil cuando hablamos de cosas físicas en donde no hay posibilidad de prueba y error. Quiero decir, que si quiero saltar de una altura de 10 metros me es útil porque con mucha seguridad me mataré y no hay vuelta atrás. Pero si quiero saltar de 2 metros... aquí ya es algo diferente. Puedo tener miedo, pero con la práctica adquiriré conocimiento y experiencia sobre cómo hacerlo. Ni que decir sobre los miedos que no son físicos: hablar en público, mirar a los ojos, enamorarse, debilidad... son miedos mentales que la mente ha fabricado como protección en algún momento de nuestra vida. Este tipo de miedos también son de ignorancia. Cuando no somos capaces de razonar una situación fácilmente se convertirá en miedo. Si la podemos razonar, si le podemos poner puntos de anclaje, de seguridad a esa situación seguramente estaremos siendo precavidos. La lógica nos ayuda a saber que lo que estamos viviendo es más o menos seguro. Como he explicado, las probabilidades de que algo suceda o que no, nos dará más seguridad o temor en función de las experiencias almacenadas. Tener miedo a una tarántula es a mi forma de ver bastante natural, pero a una que está detrás de un cristal... hummm aquí falta lógica. Supongo que me vas siguiendo, ¿verdad?

¿Y cómo podemos dejar de tener miedo?

El mejor antídoto para el miedo es la SABIDURÍA. Cuanto más sepas de algo menos miedo tendrás e incluso puede desaparecer de tu vida. Pongamos de ejemplo el miedo a las alturas. Yo tengo miedo a las alturas en donde no tengo ninguna clase de protección y hay posibilidad de cometer un error y matarme. Lo veo normal, ya que no es una situación que viva cada día. Pero si voy atado ya no tengo miedo. ¿Y por qué no lo tengo? Porque utilizo la lógica. Esta me dice que la cuerda que me sujeta es fuerte y tengo experiencias con ella. He visto y hecho pruebas para asegurarme de que puede soportar el doble de mi peso. Ya sé que piensas ¿y si no conozco la cuerda?, ¿tendré miedo? La respuesta es que no lo tendré porque con el tiempo habré creado una "falsa" seguridad y me fiaré de las personas que hacen las cuerdas y de las que las compran. Es normal, no puedo estar haciendo siempre pruebas de todas las cuerdas y en todos los sitios. Es como conducir, no podemos estar seguros de que otro conductor se duerma al volante y nos arrolle. Al final, como está explicado en otro apartado, hacemos un balance de las veces que hemos cogido el coche y no, nos ha sucedido nada. La probabilidad está ahí, pero hay una protección para que no, nos enfoquemos en la parte menos probable. Creamos un sentimiento de seguridad aun sabiendo que pueda pasar. Lo contrario sería centrarse en la parte menos probable: que la araña tenga una habilidad oculta de traspasar cristales... No quiero hacer gracia, es muy serio cuando a alguien le pasa, pero era para que vieses que se está centrando en la parte muy, muy improbable y que su lógica no funciona. Entonces el miedo, supervivencia, se activa más fácilmente que en otras personas. ¿Qué hay que hacer? Pues reforzar la parte positiva.

Volvamos al ejemplo del miedo a las alturas. Pues primero probaría a saltar de un palmo, de dos... de un metro... así hasta alcanzar una altura en donde sintiese seguridad. Lo mismo, pero con una cuerda que le sujetase, con diferentes cuerdas... con su propia fuerza agarrado a algo... y progresaríamos en las experiencias hasta llegar a la pérdida del miedo. Este ejemplo se puede extrapolar a todos los miedos. Cojamos uno, no tan físico. Hablar en público. Pues empezaría a hablar en voz alta estando solo. Después practicaría ante un espejo, con una persona de mucha confianza, con dos... y hasta donde se quiera. Perder el miedo es tan sencillo como dedicarle tiempo, esfuerzo Amoroso y practicar para adquirir sabiduría.

A más vivencias, menos miedos.

MENTIR, MENTIRA Y AUTOENGAÑO

Voy a dividirlo en dos partes, una será la información que nosotros tenemos y la otra, la información que recibimos. Estas dos direcciones me ayudarán a explicar muchas más cosas y con más claridad. Una dirección es la que va de nosotros a los demás. La llamamos <u>expresar lo que pensamos</u>. La otra va desde los demás hacia nosotros y la llamamos <u>interpretar</u>. Bien, empiezo con la primera

¿Cómo nos expresamos?

Cuando queremos expresar nuestros pensamientos, <u>que para mí también los sentimientos y las emociones se expresan mediante el pensamiento,</u> pero lo explicaré más adelante, podemos hacerlo de forma veraz o falsa, mintiendo o diciendo la verdad. Puedo subdividirlas en: **mentir de forma consciente o de forma inconsciente**, entonces voy a explicar cada una de ellas:

- **mentir de forma consciente**: es expresarse, trasmitir de forma opuesta la información que tenemos. Normalmente, mentimos de forma consciente por miedo. Decimos o expresamos lo contrario a lo que pensamos.

- **mentir de forma inconsciente**: es expresar, trasmitir una información sin haberla experimentado (boca a boca). Tú dirás que eso no es mentir, ya que estás diciendo lo que te han dicho, entonces no dices lo contrario de lo que piensas. Pero déjame explicar porque lo considero una mentira. Primero, me cuesta de creer que podamos trasmitir de boca en boca una información sin alterarla. Segundo, me cuesta creer que dos personas puedan experimentar lo mismo, que tengan la misma información (digamos exacta). Quiero decir, que al recibir una información y ponerla en la práctica, seguramente, casi completamente, no la expresaríamos igual. Entonces para mí esa forma de mentir es inconscientemente. Nos pasamos información uno a los otros sin ni siquiera saber lo que decimos. Es una forma de pereza. Si trasmito la información a alguien cercano, este la experimenta y le funciona, pues entonces confiaré en esa información. Para qué probarlo yo cuando lo puede probar otro, jeje. Vaya, que nos utilizamos unos a otros como conejitos de Indias. Un amigo le dice al otro que pruebe un tipo de hierba, que va muy bien y le explica todas sus propiedades, etcétera. El amigo que escucha atentamente da por hecho que este sabe de lo que habla, presupone, que lo ha experimentado. Entonces nuestro "conejillo" puede que se anime a hacerlo, ya que a alguien cercano le ha funcionado o si es muy desconfiado puede que busque más información, jeje, para estar más seguro, cosa rara, jeje. Cuando se vuelven a encontrar los dos amigos, el "mentirosillo" le pregunta al "conejillo" si lo ha probado y el otro, al responderle que no con cualquier pretexto, este le contesta: - hombre, ¿cómo que no?, si es muy bueno, te va a ir muy bien. Aquí puede acabarse todo, pero imagina que el conejito de indias pregunta: ¿y a ti cómo te fue?

Opción A: responde,- la verdad no lo he probado.

Opción B: miente conscientemente, - sí, sí fue muy bien.

Opción C: miente inconsciente, - no lo probé, pero estoy seguro de que a ti te irá muy bien. No lo hace conscientemente, es una respuesta automática un hábito en decirle a otros qué les irá bien y qué, no.

El autoengaño

Todo lo explicado sobre mentir o decir mentiras me va a ayudar a explicar algo que para mí es de suma importancia. El autoengaño una forma de autodestrucción muy lenta, casi como fumar. Cuando aprendemos a mentir a los demás también lo aprendemos para nosotros mismos. ¿Cómo funciona el autoengaño? Pues, cuando engañamos a los demás, en cierta forma también nos estamos engañando. ¿Recuerdas el rosal?, <u>allí en donde ponemos la intención es lo que alimentamos</u>. Pues cuanto más lo hagas, más en ello te convertirás. Mentir formará parte de tus hábitos y se crean automatismos.

La mente no es buena ni mala, únicamente reacciona con lo que la alimentas.

Si lo recuerdas, hablé de que los automatismos son respuestas rápidas y ocultas. Entonces si nos acostumbramos a mentir eso mismo haremos con nosotros de forma automática. Cómo he mencionado, para mí, la mentira es una respuesta a un miedo. Entonces, cada vez que tengamos miedo, puede aparecer el automatismo y también a la inversa. Este "virus" se interpone entre la lógica y la reacción. La lógica nos dice, utilizando un ejemplo anterior, que si cada día te levantas a las 8 a. m. y solo 30 días no le hiciste, es altamente probable que mañana hagas lo mismo, ¿verdad? Pues el autoengaño secuestra nuestra lógica y escoge la opción menos probable: - mañana puede que no te levantes a las 8 am. Esto es únicamente un ejemplo, <u>pero el autoengaño nos hace creer que la mejor opción es la más débil o peligrosa</u>. Voy a rescatar otro ejemplo. Recuerdas que en un apartado puse esto:

- lo puedo conseguir, sé que cuando era joven podía saltar esto y mucho más.

Este es un buen ejemplo, porque cambiando el enunciado, podría ser cualquier cosa relacionada con la edad. Aquí la lógica nos dice que han pasado muchos años y que ya no somos ese joven. Pero el autoengaño nos hace creer que para nosotros no han pasado los años y que tenemos la misma capacidad que entonces. Sí, sé que puede ser cierto pero entonces no dirías, siguiendo el ejemplo… cuando era joven podía… utilizarías una frase con más seguridad por ejemplo: - yo puedo, sé que puedo o algo por el estilo, pero en presente, no en pasado ¿se ve?

El autoengaño hace mucho más que lo explicado, nos arruina la vida. Todos hemos dicho en alguna ocasión: - que mala suerte que tengo. Pero sin movernos de este escenario, del ejemplo, cómo podemos tener suerte si apostamos por el caballo perdedor. Las personas con un autoengaño más arraigado son las que se quejan más de su mala suerte ¿por qué? Porque la lógica nos dice que cada día llueve y lo poco probable es que hoy salga el sol, si no coges el paraguas y te mojas dirás qué mala suerte tienes, ¿verdad? Pero eso no es todo.

Los ejemplos que he mencionado se ven claros pero qué pasa si los autoengaños son mucho más sutiles, "más ocultos". Por ejemplo, esto suele pasar con creencias. Voy con un ejemplo que nos será familiar: - Yo creo, que aunque la carretera esté mojada y corra mucho no me va a pasar nada. Esto lo haces una y otra vez, pero la lógica nos dice que las posibilidades son altas de que puedas sufrir un accidente, pero otra lógica nos dice que según tu experiencia, llevas años haciéndolo y no te ha pasado nada. **Aquí vemos que en un mismo pensamiento tenemos dos lógicas opuestas:** una nos avisa según la información externa y la otra basada en nuestra experiencia, ¿a cuál le hacemos caso? ¿Ves el autoengaño aquí? Sí lo sé, es muy, muy sutil, pero está. Tómate tu tiempo, no hay prisa. Aquí el autoengaño te da una seguridad que no es real, podría decir incluso temeraria. Te hace creer que a ti no te puede pasar. Claro que puedes decir que las probabilidades de que eso suceda son muy pocas, tienes razón, pero el autoengaño aquí, no interfiere en esas probabilidades sino que está interfiriendo en el programa de protección. El miedo queda anulado, la precaución también, entonces tu vida está en peligro. El autoengaño ha suprimido la posibilidad de morir, cuando toda lógica te dice que aunque las posibilidades sean bajas puede ocurrir. Entonces, si puede pasar, mejor NO ARRIESGARSE, a esa velocidad y con la calzada mojada la muerte es más que segura. Esa sería la lógica si no existiese el autoengaño. Solo tienes que mantenerte con vida, la muerte ya te encontrará cuando toque, no hace falta llamarla antes de tiempo. Jeje. Si alguien está pensando en que conducir ya de por sí es peligroso y que cada vez que lo hacemos, siguiendo la lógica anterior, estamos en peligro de muerte, tiene toda la razón. Pero hay diferencia entre aceptar este hecho y autoengañarse, no podemos estar en una burbuja de seguridad, e incluso una enfermedad nos puede matar. La mente no puede estar contemplando esta posibilidad constantemente, si así lo hiciese, sufriríamos mucho. Para ello crea un automatismo, lógico, que se basa en la información exterior y se llama *confianza*.

La confianza

Como llevamos muchos años viviendo y continuamos con vida, confiamos en que si nada grave pasa, mañana aún estaremos vivos. No hace falta ni pensarlo, es automático. Fíjate que un niño pequeño no lo necesita. A esa edad muy pocos se plantean la muerte como una opción de la vida. No hay suficiente información en su memoria para que tengan que confiar. Para ellos, un día viene después del otro hasta que la vida les/nos enseña que todo es muy sutil. Hoy estamos, mañana quién sabe. Aquí es cuando entra en funcionamiento el automatismo de confiar. Confiar a nivel mental es contemplar todas las opciones como posibles y aunque la lógica te diga que por probabilidad mañana vivirás, igual que en el ejemplo anterior, el programa *protección* contempla que si bien eso es cierto, la posibilidad de morir está ahí. Lo dicho, no podríamos vivir cada día pensando en eso en todo momento, así que el programa confianza nos protege del programa supervivencia (protección).

Todo funciona como un reloj suizo, cuando estamos en peligro; el programa supervivencia toma el control por encima del de confianza, entonces solemos decir que hemos dejado de confiar. Fíjate que el miedo, supervivencia y desconfianza van muy unidos. El miedo a morir, es el programa de serie, el que nos protege cuando algo puede lastimarnos. Si existe una alta probabilidad, desconfiamos y entramos en modo alerta, todos nuestros sentidos se agudizan, nuestra mente se hiperactiva y todo el cuerpo se prepara para reaccionar. El corazón se acelera, la adrenalina entra en acción, se activa toda nuestra musculatura, aumenta la temperatura corporal todos los recursos energéticos se centralizan en el sistema nervioso, **podemos sentir el poder del miedo...** en ese estado podemos llegar hacer cosas impensables.

Emocionalmente también nos pasa. Al final de todo, tenemos que volver a confiar en algo, en alguien o ambos, jeje, no podemos dejar de hacerlo, por mucho daño que nos hayan hecho. No podemos permanecer en el estado de desconfianza mucho tiempo, por lo dicho, estaríamos todo el día en modo protección y eso cansa, cansa, así que llega el día en que volvemos a confiar en alguien o en algo. Puede que te decepcionen otra vez, somos humanos, es natural y vuelvas a desconfiar. Es un ciclo de aprendizaje, en el que no creo que sea posible escapar. A mi forma de ver únicamente nos queda aceptar que es así, que confiaremos y nos volveremos muy confiados, nos relajaremos y que algún día sentiremos esa punzada en el corazón porque nuestra mente ha interpretado que el otro nos ha herido, sentiremos de nuevo que todo se derrumba y permaneceremos en la concha, desconfiando, hasta que el sol vuelva a llamar a nuestra puerta. ¡Ay, qué bonito!

LA MENTE INTERPRETATIVA

La manera en que la mente reacciona ante los estímulos exteriores no es perfecta, pero no te digo nada nuevo eso ya lo sabías. Pero lo que normalmente se nos escapa es que nuestros sentidos son unos "mentirosos".

¿Por qué los llamo mentirosos?

Porque no, nos dan la información completa. Como sabes, sobre todo en trucos de magia, se ha demostrado que se nos escapan muchos detalles de lo que realmente está sucediendo. Como suele decirse, la mano es más rápida que el ojo. En verdad no es así, lo que pasa es que no almacenamos todo lo que sucede. Nuestro sistema nervioso recibe las señales desde los sentidos y una tras otra se van almacenando, pero ¿qué pasa cuando hay más información de la que podemos procesar? Pues esa información se pierde. Entonces nos podríamos preguntar si realmente sabemos algo, me refiero a que si no disponemos de toda la información, ¿de qué podemos estar seguros?

Pero parece tan real, diríamos que no hemos perdido detalle, ¿verdad? Pues créeme, nos perdemos muchos. Entonces dicho esto voy a explicar que hace la mente. Es tan sencillo que te reirás. Inventa los detalles para completar lo que le falta. Sí, es muy lista. Echa mano de la memoria para "adivinar" qué es lo que hay entre medio de dos estímulos. Como vengo repitiendo, ella es la encargada de protegernos. El programa supervivencia necesita toda la información para poder decidir cómo reacciona. Entonces la mente interpreta los momentos que no tiene.

Eso por una parte y por la otra lo comentado, ¿dónde ponemos el foco? Un ejemplo sencillo es este: Estamos viendo una película en la televisión, con toda nuestra atención y nos abstraemos de lo que pasa a nuestro alrededor, de repente, sentimos que nos tocan el brazo diciéndonos: - oye, oye, que no me escuchas, te estaba hablando. Esta tira cómica tiene una desventaja y una ventaja. Que seamos capaces de abstraernos nos puede ser muy útil si queremos concentrarnos, pero nos es un problema si lo que queremos es saber que está sucediendo realmente a nuestro alrededor. Volviendo al mismo ejemplo de antes, pero cambiando los sentidos: Estamos escuchando a alguien con mucha atención y entra una persona en la misma habitación en la que estamos y ni siquiera la hemos visto. A que ahora ves más claro, lo que decía en el enunciado, ahora podemos decir que <u>lo que estamos viviendo es una realidad a medias ya que los sentidos no, nos dan toda la información de lo que sucede a nuestro alrededor y por otro lado, solo almacenamos aquello en lo que hemos puesto la atención.</u>

Bien, no te asustes, como nos pasa a todos, no hay de qué preocuparse, jejeje, pero sí que deberíamos de plantearnos el discutir por las cosas. Me parece a mí que empiezo a entenderlo. Si no dispongo de toda la información y encima lo que no capto me lo invento, mejor no discuta sobre qué es la verdad o la realidad, jeje. Vivimos en una realidad interpretada, semi-real, únicamente real cuando tropezamos y sentimos dolor, por lo demás, si es bueno, malo, alto, bajo, todo es subjetivo, una película de la mente. Los ilusionistas lo saben muy bien y nos hacen creer, delante de nuestras narices, que la carta ha desaparecido por arte de magia, jeje, es para alucinar. ¿Y eso qué es?, ¡vamos allá!

ALUCINAR, ALUCINACIONES

Cuando yo hablo de alucinar me refiero a ver en la pantalla mental objetos que no existen en ese momento. Un ejemplo sería ver, hablar... con alguien, que físicamente no está conmigo. Pero tengo que matizar. Eso, las personas religiosas que rezan, lo hacen a menudo y no están alucinando, ¿verdad?, pues a lo anterior le sumo que lo estés haciendo y te creas que es real. Volvemos a tropezar con lo que es real y lo que no lo es. Para las demás personas que le vean hablar con alguien que ellos no ven, estará un poco loco, pero para él, lo que está sucediendo es real. Lo que ve, incluso lo que sucede en su pantalla mental, si es muy fuerte la alucinación, puede sentirlo. Hay muchos tipos de mentes y a las personas que no se comportan como la mayoría les llaman enfermos. Hay que diferenciar que hay mentes que pueden hacer daño y las hay que no. Entonces, tener alucinaciones sin poner en riesgo a otros seres vivos puede que incluso nos puedan aportar algo. Me voy a meter en camisa de once varas, pero hay que tocar el tema, jeje. Hemos visto que la mente inventa, interpreta la mayoría de cosas. Entonces nos podríamos preguntar si no estamos en una alucinación constante. La respuesta de las personas "cuerdas" sería parecida a esta: alucinar es cuando uno mismo inventa cosas que no existen pero puede verlas, oírlas... Voy a poner un ejemplo que puede **desmontar un poco la teoría de que estamos cuerdos**.

Voy a describir un escenario en el que únicamente existen dos personas, no hay nadie más para corroborar lo que digan o vean ninguna de las dos. Una de ellas, la persona que llamaremos A, dice que ve a otra persona y puede hablar con ella e incluso tocarla. La otra se llamará B y dice que no la ve ¿cuál de las dos tiene el problema?, ¿cuál está alucinando? El caso de la persona A lo he descrito antes pero ¿y si la persona B es la que está alucinando y no quiere, o no puede ver a una tercera persona? ¿Por qué digo esto? Lo comento por el hecho de que para saber qué es real y qué no, nos basamos en lo que ve la mayoría. Sí la mayoría no lo ve, es que estás alucinando, loco, demente... en definitiva, necesitas ayuda. ¿De quién? pues de alguien que esté cuerdo, jejeje. Pero espera ¿hay alguien así? Aclaración: **los cuerdos son los locos que se han puesto de acuerdo**, jajaja. Entonces todos los demás que no actúen, vean, sientan... como la mayoría son los que están enfermos. La realidad para cada uno de nosotros es diferente de la realidad de los demás, lo que pasa, es que como se parecen admitimos ciertas diferencias, siempre y cuando no sean muy disparatadas.

Vuelvo al caso de la persona que ve visiones ¿cómo podemos estar seguros de que miente o de que es verdad que puede ver un tipo de energía que nosotros no podemos? Si repasamos lo visto hasta ahora sobre la mente y lo que es capaz de hacer ¿cómo sabemos que no somos nosotros los discapacitados sensitivamente? Claro que no dejaría a su libre albedrío a los que puedan causar daño o privar de vida a otros seres vivos. Pero me pregunto: **¿qué significa estar loco?** ¿Es un loco el que sabiendo lo que hace el tabaco a sus células se mata lentamente cada día? ¿Es un loco el que por placer mata ciervos, pájaros, peces...? ¿Es un loco el que practica deportes de alto riesgo? ¿Es un loco el que trabaja muchas horas para conseguir placeres materiales? ¿Es un loco o están locos los que creen que tienen que comer otros seres vivos para no caer enfermos?... ¿Qué es estar loco? Como dice un refrán: hay más afuera que adentro. ¿Es un loco el quién quiere amasar dinero a costa de la vida o de la penumbra de otros? ¿Es un loco el qué en son de la paz mata otros? ¿Está loco el que fabrica un medicamento sabiendo los efectos secundarios? ¿Está loco el que toma decisiones que causan daños colaterales? ¿Está loco el que mata a 10 para salvar a 1000? ¿Está loco el que fabrica productos perjudicando al medioambiente? o ¿Está loco el que corta árboles por dinero? Puedo hacer un libro solo de supuestas locuras, jajajaja. Entonces qué ocurre con los "raros". Pues actuamos con miedo. Tenemos miedo a lo desconocido. Todo llegará algún día, comprenderemos...

He empezado con el plato fuerte, jeje, porque así ya te tengo preparado para el más sutil. Voy a titularlo: alucinaciones creíbles.

Alucinaciones creíbles

En este universo hay tantas cosas que quedan por descubrir, tanta información "oculta a nuestros sentidos". Sabemos muy, muy poco de nosotros mismos, de cómo funciona nuestra mente, de cómo interactúa con todo lo demás e incluso puede que interactúe con leyes universales que aún desconocemos. Estamos empezando a comprender que somos un granito de arena en una inmensa playa y que nuestra mente es inmensamente grande, no en tamaño, claro, está, si no en funcionamiento. Existen investigaciones sobre "parapsicología" fenómenos "inexplicables" sobre funciones de la mente. No me estoy refiriendo a mover objetos, telepatía, etcétera sino a lo que comúnmente nos ha pasado a todos o a casi todos, puede que a alguien no, pero me sorprendería.

Hablo de premoniciones, de que los sueños nos muestren cosas que sucederán en un futuro. Sí, te entiendo cuando piensas que después de soñar somos nosotros los que creamos la realidad, damos vida al sueño, pero ¿tan precisos somos?, lugares, fechas, personas, acontecimientos… No nos pasa cada día, cierto, y no tenemos el control sobre ello, pero a mí personalmente me ha pasado y no únicamente una vez. Qué adivinemos lo que el otro piensa, no voluntariamente, si no que es como si hubiese algo en el aire, como si supieras, pero nada de leer la mente, no me refiero a eso, sino que a veces sientes qué es lo que el otro piensa. Sí, también puede ser coincidencia, pero ya son muchas veces, jeje, qué sé yo. Un día me encontré en esta situación: sentía como una persona muy cercana a mí me despertaba un sentimiento de despedida para siempre, como si supiese que algo "malo" le iba a suceder; después se demostró que ese sentimiento tenía mucha razón de ser, por suerte lo escuché e hice algo al respecto. Hablo de estas pequeñas cosas del día a día que me muestran lo muy ignorante que soy aún. Hay tantas cosas que me callo porque no sé cómo funcionan y tantas que quiero compartir. El aprendizaje es duro. Hablo a nivel del esfuerzo físico que ello supone. Por suerte, si lo "recuerdo", lo hago con mucho respeto y cariño. Seguramente muchas veces alucinaré, pero para mí, al menos para mí, son creíbles.

El sexto sentido: mi voz interior

Hablando de alucinaciones es un buen momento para compartir mi alucinación diaria, casi constante. Algunos la llaman sabiduría; otros, ética o moral, otros, Pepito el Grillo, la consciencia, yo la llamo "mi voz interior". Para mí no es lo mencionado. Puedo observar mi ética, mi moral, que es lo mismo que información, cosas aprendidas, pensamientos en última instancia. Estoy acostumbrado a ver lo que pienso y no se parece en nada a pensar. Para mí es una puerta trasera que tiene la mente. Un sistema de comunicación con algo que no está en el yo. No está en mi memoria, ni en la memoria universal. No lo he aprendido o puede que no lo recuerde, es una posibilidad que esté en mí, pero creo que no, de todas formas es mi voz interior y resuena en mi cerebro como una voz. La palabra que se le acerca más es *intuición*. Es como un sexto sentido, algo que me da información pero no de la misma manera que funciona los sentidos sino como una sabiduría inherente. No pretendo explicar cómo funciona porque no tengo palabras. Aparece cuando menos me lo espero, no como discursos largos o instrucciones de cómo hacer las cosas, nada de eso, simplemente con una palabra y menos veces con alguna frase. Sí, ya veis, no todos los locos están encerrados, jejeje. Pero está vocecita me tiene acostumbrado a que cuando soy capaz de estar en paz, sepa más y mejor que yo mismo. Cuando estoy en paz y la escucho, las cosas no pueden ir a mejor. No quiero confundiros, no le doy vida a la voz. Quiero decir que no es Dios, un ángel u otra cosa, nada de eso. Para mí es "sabiduría" que yo no reconozco en mí. Por eso digo "voz interior" no voz exterior, jejeje.

Es como si pudiese conectarme con algo más sabio que yo

mismo. Porque algo de sabiduría tengo, no toda la que querría pero algo hay, jeje. Quiero pensar que otras personas, cada uno, dándole otro nombre, también se refieren a lo que yo siento. Puede que a ti no te hagan falta más palabras porque lo pillaste a la primera, ya que también pasa en ti. Si no es así, prueba la concentración durante algún tiempo y después compartimos. ¡Suerte!

¿QUÉ ES LA INTELIGENCIA O SER INTELIGENTE?

Bueno, dónde me he metido, jejeje. Pero hay que hablar de ello porque forma parte de mi mente.

Voy a discrepar de los que dicen que hay seres inteligentes y seres vivos que no. Para mí todo ser vivo es inteligente lo que sí que podemos observar son los grados. ¿Pero qué es ser inteligente? Para mí la inteligencia puede darse en una célula o en la mente. Únicamente hay que remontarse a la primera expresión de vida con ADN. Para mí el ADN es la expresión mínima de inteligencia, sin él no existiríamos. Entonces, las células son inteligentes ya que contienen ADN, y por eso yo llamo inteligente a todo ser con ADN. Otra cosa es la inteligencia a nivel mental o incluso emocional. ¿Cómo puedo yo hablar de inteligencia si no sé por dónde empezar? No únicamente me pasa a mí sino que el mundo académico no ha conseguido dar una definición única. Si tuviese que decir qué es, diría que un ser con una mente inteligente es aquel que tú creas, que lo ves. ¡Qué a gusto me he quedado!, jejeje. Nadie puede decir concretamente qué es una mente inteligente, me refiero a decir una verdad absoluta porque abarca tantas cosas que el solo hecho de enumerarlas todas, los humanos nos quedaríamos fuera. Si tenemos que hacer caso de todas las definiciones nos daríamos cuenta de que nadie las reúne todas. Y si alguien las reúne, ¿cómo lo sabemos? ¿Qué pruebas son las correctas para determinarlo? Bueno, no me he salido tan mal parado como creía, jejeje, con todo lo dicho más que suficiente.

EMOCIONES VS SENTIMIENTOS

Este apartado lo tengo más fácil de explicar, jeje, pero voy a tocar la fibra de más de una/o. Si no estamos de acuerdo, simplemente piensa que estoy hablando de mis emociones y sentimientos, seguramente tú funcionas diferente. ¿O no? quién sabe. Jeje.

Para mí los sentimientos son automatismos, memorias de cómo tenemos que reaccionar, la más antigua, llorar ¿por qué lloramos? o mejor ¿quién nos enseñó a llorar? Tu respuesta es "nadie", ¿estás seguro? Entonces crees que ¿viene de serie, está ahí al nacer? Vale, yo pienso lo mismo, siempre ha estado ahí, no hace falta que nos la enseñen, viene de serie y como dije anteriormente es un código. Vamos a ver qué es la *emoción* y que es el *sentimiento* con una sensación de tener hambre.

El dolor de tripas, eso sería la emoción y el sentimiento sería el llanto, llorar como **una reacción a la emoción**. El sentimiento es la respuesta a una emoción. La emoción es creada por los sentidos y como reaccionamos son nuestros sentimientos. Vamos un poco más allá y veremos que todo se puede automatizar, cómo la mente puede "inventar emociones" y podemos sentir una emoción "real" o tener una emoción aprendida.

Una emoción aprendida es aquella que se fabrica en la mente, pero físicamente no existe, no hay dolor sino que es la mente que produce el dolor. La emoción "real" y cómo ves lo pongo entrecomillado, jeje, podría decir que tiene una clara dirección, las células son las que advierten al sistema de que algo va mal pero la emoción aprendida tiene una dirección inversa, la mente "inventa" el dolor y lo traslada a las células.

El sufrimiento es algo que viene de la mente, de un dolor que se repite en nuestra memoria, pero ese dolor sucedió hace tiempo. Nuestra mente lo recrea, en realidad las células no detectan ninguna amenaza sino que es la mente la que se deleita repitiendo lo sucedido una y otra vez y traslada ese dolor a las células.

Con los sentimientos sucede algo peculiar al sentir una emoción, puedo reaccionar (sentimiento) de forma automática o de forma aprendida. Puedo ser consciente de lo que ocurre en mí o puedo ser inconsciente de lo que sucede en mí, todo dependerá del grado de atención adquirido. ¿Cuántas veces nos hemos lamentado de lo que ha sucedido, cómo hemos reaccionado? Después del subidón, puedo pensar con más claridad y ver lo que ha quedado al paso de la "bestia". No podemos creer que nosotros hayamos actuado de esa manera o puede que el ego aún tenga control y justifiquemos lo injustificable, pero una parte de nosotros sabe lo que ha sucedido y sientes ese pinchazo en el corazón o ese nudo en el estómago, ¿verdad? Veamos hasta qué punto tenemos automatizados nuestros sentidos. Como he comentado, una emoción puede ser automática o "real". Puede que en verdad tengamos hambre y sintamos la necesidad de comer o puede que veamos a alguien comiendo y nos entre hambre, en este caso "el deseo" actúa de estímulo para que sintamos hambre. La realidad es que nuestros sentidos no han recibido ninguna señal de nuestras células sino todo lo contrario, nuestra mente ha sugestionado al cuerpo para hacerse creer a ella misma de que tiene hambre. ¡Esto sí que es de locos, jajaja!

LA CONEXIÓN ENTRE EL CUERPO Y LA MENTE

Vamos a profundizar un poquito más en el ejemplo anterior. Como la mente se autosugestiona y afecta al cuerpo. Esto también tiene miga, jejeje. Voy a poner un título vistoso y sensacionalista para la introducción a este apartado.

¿Algunas enfermedades nos las creamos nosotros mismos?

Algunos pensadores dirían que estamos enfermos porque queremos. Sí tuviésemos una "mente fuerte" automotivada, autocontrolada... no podríamos enfermar o estar enfermos. Pero no sé si te interesa qué es lo que piensan otros, creo que mejor te digo lo que yo he averiguado. Existe, a mi forma de ver, como en anteriores comentarios, dos opciones para mí muy claras. Una es la enfermedad de la materia (cuerpo) y la otra, la enfermedad "irreal" o imaginativa.

Voy por partes. He podido demostrarme, que por mucho que medite, no puedo hacer que mis heridas se curen, vigila aquí, instantáneamente o en un plazo muy corto de tiempo comparando con el tiempo normal de sanación autónoma, o sea, sin meditación o concentración. Sí que es verdad que he podido notar una ligera, muy sutil, diferencia de mejoría entre una buena actitud, estar feliz y una actitud depresiva, la no aceptación de por lo que estoy pasando. También existe la posibilidad, que después de casi 15 años entrenando la mente, que no sea tan "buen meditador", contemplo todas las posibilidades. Por ello me he asegurado y he comprobado si otros lo pueden conseguir. Así que he contactado con varias personas que merecen mi atención en estos asuntos y ellas también han corroborado mis experiencias. Si se hacen un corte en un dedo no son capaces de curarlo en un espacio de tiempo récord por así decirlo. Entonces mi razonamiento o lógica, no sé el tuyo, es que si no soy capaz de enmendar un simple corte o si quieres, más pequeño, una picadura de un mosquito, no me veo capaz de curarme de un cáncer o algo parecido. Me entiendes, ¿verdad? Es un razonamiento lógico, pero si alguien es capaz de hacerse un corte y mostrarme como en pocos minutos, venga, horas, un poco más, o incluso un día, el corte desaparece por completo sin dejar rastro, me creeré que es capaz de curarse de un cáncer. ¡Ojo! estoy seguro de que hay personas que se han "curado" de una enfermedad grave, con energía muy positiva y optimismo, pero eso no quiere decir:

- Primera: que sepa cómo lo han hecho, acto voluntario de curarse.
- Segunda: el tiempo que han pasado enfermos, si uno tiene capacidad de curarse cuanto antes lo haga mejor, ¿no?
- Tercera: cómo sabemos que no se hubiese curado igual sin hacer nada.

Para mí la única prueba de autosanación es la mencionada (corte) porque también he visto lo contrario, personas con poca "energía positiva" curarse. Entonces la lógica me dice que el cuerpo necesita su tiempo para repararse y las fórmulas "mágicas" no las he podido comprobar. No me hace falta tener un cáncer, un resfriado me dura lo mismo y no es que no haya tenido tiempo de investigar, ¿verdad?, jejeje. Pero vuelvo a repetir, he podido observar que mi actitud puede interferir en el proceso de curación. No es lo mismo que decir que la buena actitud cura. Digo interferir. Sí, el proceso de curación, ya de por sí, es lento y complicado en un corte en el dedo, imagina otros casos. Nuestra actitud positiva no, nos curará más rápidamente sino que la actitud negativa puede alargar nuestra enfermedad. Puedes decir que es lo mismo pero para mí, no lo es.

Vamos a ver ahora lo que sé de las enfermedades psicológicas o "irreales". Cuando hablo de este tipo de enfermedades no quiero decir que no sea cierto que la persona no está enferma. Nada de eso, está enferma, pero su enfermedad viene de su propia mente. La enfermedad es real a nivel físico, pero la procedencia es "irreal". Retorno al ejemplo del hambre. Cuando vemos a alguien comer algo que también nos gusta, ese deseo genera los estímulos necesarios para que empecemos a salivar o incluso a tener hambre. A esto yo lo llamo retroalimentación.

Retroalimentación, enfermedades autoinducidas

Una de las más conocidas es el estrés y me va de perlas porque yo me curé de mi estrés. En mi anterior libro explico cómo durante una época de mi vida ya llegué a trabajar durante 18 horas al día e incluso días de 24 y más. Trabajaba de informático, de autónomo, y durante ese tiempo todo se confabulaba para que todo el trabajo viniese de golpe. Eso me provocó un estrés que afectó a mi cuerpo. Nada grave o muy grave pero suficiente para darme cuenta de sus efectos. Te explico esto para que veas que tengo experiencia y no es únicamente una observación sobre la vida de otros. Qué también la tengo, pero una cosa no quita la otra y la unión de las dos, la propia y la ajena, me permite expresarme con más propiedad. Pues lo primero que puedo decir, es que en esos días y meses que no sufrí, no me hubiese creído a nadie que me hubiese dicho o diagnosticado que yo tenía estrés. Yo me sentía muy bien, cansado, pero no estaba nervioso. Dormir, dormía poco, pero eso era normal en mí. Tenía algunos kilos de más, pero tampoco era para tanto. El dolor de espalda, era culpa del colchón, jajaja, cómo si no, la culpa a lo demás. Jeje. Algunos problemas digestivos, hemorroides, estreñimiento... cosas que pasan, a comer más fibra... Nada era verdad, todo era un autoengaño. Realmente estaba insoportable, con trastorno de sueño, obesidad, llegué a pesar 26 kilos de más, dolor de espalda a diario e intenso, no me tomaba pastillas, suerte que soy un gran sufridor, jajaja. Sistema digestivo en la UCI (cuidados intensivos)... Eso lo sé ahora muy bien pero cuando estaba metido, incluso cuando te das cuenta y haces lo necesario para corregirlo, no tienes ni una mínima parte de consciencia al respecto. Bien, eso es todo... Ah, claro, quieres saber cómo me curé, jejeje, pues si esperas un milagro no fue así. Jeje. Fue simplemente suerte. Un día me desperté de dormir, cansadísimo, me miré en el espejo y una vocecita resonó en mi cabecita: ¿no estás cansado de sufrir?, ¿qué es lo que haces con tu vida? Abrí más los ojos y vi de lo que hablaba, me tomó tres años recuperar el equilibrio en todo mi ser: físicamente, emocionalmente, mentalmente, espiritualmente, pero mereció la pena.

¿Qué me impulsa a hacer las cosas que no quiero?

Esta pregunta adaptada, me la hizo una amiga: ¿cómo es posible que actúe de forma contraria a lo que siento? Me la hizo con una carita de preocupación... Pues la pongo como un poco de resumen de lo visto hasta ahora. Seguramente ya puedes contestar tú mismo a esta pregunta ¿a que sí?

No podemos culpabilizar a nadie, incluidos a nosotros mismos. No lo podemos hacer mejor que lo que hacemos, es un sistema evolutivo de prueba y error.

Sí, me imagino lo que estás pensando. Estás de acuerdo en que cuando estás metido en el ajo no puedes hacer más de lo que haces. Lo que te cuestionas es cuando lo sabes y vuelves a cometer el mismo error. Ahí te dices a ti mismo/a que sabiéndolo por qué no lo cambiaste o impediste que sucediera. Puede que hasta te insultes, diciéndote tonto o tonta. Con suerte, regresarás al estado de conciencia y te dices, te animas a pensar que la próxima saldrá mejor. Eso en el mejor de los casos u otras posibilidades y dependerá de lo grande que ha sido el error, te culparás y entrarás en un estado de depresión o enjuiciamiento, en todo caso, de falta de respeto. Cuando la tormenta ha pasado nos preguntamos: ¿cómo pasó?, ¿cómo pudimos caer de nuevo en la trampa de la mente? Pues déjame consolarte, lo mismo que hago conmigo mismo: **no importa que creas que lo sabes, la verdad es que no lo sabes y como no lo sabes, no lo puedes hacer mejor por mucho que creas que sí e** incluso practicando mucho, tropezamos de nuevo con la misma piedra. Únicamente con el tiempo llegarás a reeducar al ego. Eso me digo: entrenamiento y tiempo.

Yo entreno sin esperar nada a cambio y enfocándome en lo que quiero ser, como quiero actuar... Según el dictamen de "mi corazón" y lo mismo que en el cuento del rosal, no me fijo si la rosa negra aún está ahí, sigo adelante sin mirar atrás. Como dice un refrán un poco modificado: a cada error échale valor. Para mí **los errores son oportunidades** de hacerlo mejor, de aprender y evolucionar. Cada día aprendo cosas nuevas, pero lo más importante es no quedarse mucho tiempo en el estado de desconexión, en la culpa, ira… lo más importante de la práctica es darse cuenta de esto y no el de no querer cometer errores.

¿CÓMO PILLARSE A UNO MISMO? JUGANDO AL ESCONDITE CON EL EGO

El reto más importante que tengo cada día, es el de mejorarme a mí mismo, el de reeducar al ego. Puedo dejar pasar el tiempo y que la vida me vaya presentando momentos, situaciones... en donde no tenga "escapatoria" y necesite cambiar para poder continuar. Según mi experiencia este es el método, si se le puede llamar así, que más dolor produce. No sé cuándo pasará, ni en qué situaciones pero lo que sí sé, es que es lento, muy lento... Hasta ahora he visto que para que te encuentres en la situación de cambiar, esperando a que la vida te vaya mostrando el camino, tiene que haber una "saturación" de tu personalidad. A estas situaciones se las suele llamar situaciones límite. Esta forma de aprender es, como he dicho, lenta y dolorosa. En una vida puede que te encuentres en más de una situación límite y eso reforzará tu carácter pero cuidado que pueden llegar más de una a la vez y tal magnitud de acontecimientos transformadores pueden sobrepasarte, haciendo que caigas en un agujero muy profundo del cual te cueste salir o incluso no salgas. Hay un dicho que habla sobre que Dios no te pone en situaciones que no puedas superar. No estoy de acuerdo, hay situaciones que nos superan. Si fuese así como dicen, no habría suicidios, depresiones profundas... He tenido curiosidad y he consultado el número de suicidios que existen estadísticamente en España, únicamente en España, en 2016 se estima que diez personas dieron este paso cada día. No son pocas 3650 personas al año. Mundialmente son 800.000 personas. ¿Por qué cuento esto? -para que pueda ser un ejemplo de lo contado-. Igual que el caso que expliqué sobre conducir, de que no podemos estar angustiados cada vez que vamos en trasporte porque no lo soportaríamos. Que la mente crea un automatismo de confianza y anula el miedo. ¿Te acuerdas? Pues en este caso pasa lo mismo, confiamos en que las cosas que nos van a ocurrir no serán malas, que nuestra vida será muy feliz y poco agitada. Pero la realidad es otra. Los problemas con los que tenemos que lidiar cada día, las emociones, nuestros sentimientos nos ponen en situaciones difíciles. La familia, el trabajo, las relaciones personales… ¡son tantas las cosas que pueden desestabilizar a nuestra mente! y cuando eso ocurre enfermamos y todo parece que se derrumbe a nuestro alrededor. Entramos en un estado de NO ACEPTACIÓN, de pobre de mí, qué mala suerte… son tantas las decisiones que debemos de tomar diariamente, a cada instante… que es lógico pensar que no todas serán de nuestro agrado o nos veremos "forzados" muchas veces a ir en contra de lo que sentimos… La vida es muy compleja y sin entrenamiento la mente es un caos de pensamientos descontrolados que cuando se enredan la arman gorda, jeje. Entonces respondiendo a la pregunta, seguro que ya has llegado a la misma conclusión, somos nosotros mismos los que por falta de entrenamiento dejamos que nuestra mente gobierne nuestras vidas y no a la inversa.

La felicidad y la felicidad REAL

Pero después de la tormenta viene la calma. Ese es el momento para entrenar la mente. Hay otro camino como vengo diciendo… vivimos una vida, muchas veces con unas emociones prestadas, con unos sentimientos prestados, con una mente, en gran medida, diseñada por nuestra sociedad y lejos o muy lejos de lo que realmente sentimos "de corazón". Este es el camino que sigo, el de la reeducación. A estas alturas creo que ya sabes de lo que hablo, de cambiarse a uno mismo. De tomar las riendas de nuestras vidas y actuar, más cercano a lo que sentimos, ser nuestro guía interior.

Todo eso es muy bonito decirlo por escrito o de palabra, pero los dos sabemos que no es tarea fácil. Mira si no es fácil, que hay pocos que se dediquen conscientemente cada día a mejorarse e incluso menos a cambiarse. Es una tarea de constancia, paciencia, voluntad... virtudes escasas en nosotros. Hay que entrenar la concentración para, según mi visión, poderse cambiar o trasformar (por si te gusta más esta palabra, jeje). La transformación no es gratuita, se requiere de un gran "esfuerzo amoroso" o "amoroso esfuerzo". Respetándose en el proceso sin "obligarse" pero haciendo cada día un poco de ejercicios.

La base que utilizo es la capacidad de concentrarse. No únicamente yo he descubierto que si mejoramos nuestra atención seremos capaces, con más facilidad, de transformarnos en lo que queramos ser. Podemos "provocar" los cambios que necesitemos sin tener que esperar a que aparezcan por si solos. Podemos ir a buscar situaciones de crecimiento personal, de aquí el título "pillarse a uno mismo". La concentración me ayuda a observar mejor mis emociones (lo que siento) y mis sentimientos (como reacciono, actuó) en definitiva, a mi ego /personalidad. A la vez que es un sistema que requiere de mucha práctica, también se torna divertido jugando al escondite con tu personalidad. El ego, no quiere que le pilles y se esconde de tu visión interna, pero la práctica mejora la capacidad de enfoque y poco a poco vas viendo tu propia película. Ves tus reacciones infantiles, tus automatismos, tu educación... **y con aún más práctica puedes transformarlos, cambiarlos por**

otros más afines a lo que sientes. Una vez coges experiencia puedes transformarte tantas veces como lo desees. Cada cambio, estás más cerca de lo que verdaderamente sientes. Cada día tu vida está más armoniosa, en paz, con menos sobresaltos. Las decisiones se toman sin miedo y se aceptan fácilmente las cosas que no podemos cambiar. Creas tu propio destino, camino… realizas tus sueños y cumples con el propósito de tu existencia y todo ello gracias a la concentración.

COHERENCIA VS INCOHERENCIA

Bien esto es muy, muy complicado, ¿qué es ser coherente? Voy a decir que para mí es que **el hacer y decir van de la misma mano**. Que lo que expreso, opino…, también lo hago. Para mí es incoherente el decir a otro que se alimente bien, o hablar de cómo nos alimentamos… y después yo no ser capaz de hacerlo. Disculparme pero para mí esto es incoherencia. Sí que podríamos decir que alguien es muy bueno memorizando y recopilando información de lo que otros han experimentado. Él lo resumen y nos los da "masticado", fácil de entender y aunque él no sea capaz de hacerlo es una buena información, ya que es una recopilación de las experiencias de otros. En esto te doy la razón, en la última parte, en la que decimos que esa recopilación nos puede ser útil pero no en la que la persona es coherente, eso sí, según mi forma de verlo.

Pero déjame decirte, dándote un ejemplo. Imagina un doctor especialista en cáncer de pulmón, tiene una buena formación y muchas experiencias ajenas de como, por ejemplo, fumar favorece la aparición del cáncer en los pulmones. Nos puede dar una buena charla sobre ello y seguramente saldríamos maravillados de uno de sus talleres o cursos. Valoraríamos su intelecto, sus conocimientos sobre el tema, pero ahora te pido un pequeño esfuerzo, imagina que diese esa misma charla con un cigarrillo en la boca y que durante toda la charla, incluso en los momentos que mostrarse lo que el humo puede causar en los pulmones, tipo imágenes que salen en los paquetes de cigarrillos, no pararse de fumar uno tras otro, esos mismos cigarrillos que él cuenta. Hasta aquí, puede incluso que puedas entenderlo pero imagina que en esa charla el mismo hablase a los presentes de lo "malo" o perjudicial qué es el fumar. Pero espera, aún podemos ver más su incoherencia si se le preguntase: ¿por qué fuma usted sí sabe que es pernicioso, "malo"? y qué el a esa pregunta respondiese – sí, sé que no es lo mejor para mí pero es que no puedo dejarlo. Eso para mí, es falta de coherencia o mejor dicho, incoherencia, decir, explicar a otros lo que uno, no es capaz de hacer.

¿Cómo crees que se quedarían la mayoría de personas o tú si alguien te responde que te lo dice para tu bien, pero él no es capaz de hacerlo? No suena a: hazlo tú que es bueno, que tú puedes, pero no te fijes en mí. ¿Cómo que no me fije en ti? podríamos responder. ¿No te parece que le quita validez a lo que dice, si hace lo contrario? la reflexión podríamos hacérnosla todos: **como creemos que estamos educando a nuestros hijos, a los más jóvenes, cuando les decimos que es mejor para ellos y nosotros hacemos lo contrario** ¿Eso es lo que queremos? ¿Quieres que nos "crean", que confíen en nuestra palabra de lo que nosotros queremos es un bien para ellos pero que no somos capaces de hacérnoslo a nosotros mismos? O puede que les llegue un mensaje contradictorio como el que muchos jóvenes manifiestan, como: esto que me prohíbes y vosotros hacéis, es una mentira, solo queréis controlarnos, no lo haces para mí bien, sino por el tuyo.

¿Cuál es la solución que planteo? Pues en mi caso miro de hablar, explicar... cosas que realmente puedan aportar una experiencia de coherencia. Procuro, no soy perfecto, jeje, de hablar de las cosas que hago y me funcionan. Puede que a veces parezca un poco egocéntrico pero hablar de las experiencias de los demás sin que yo tenga una propia, no me parece que ayude a nadie. Para mí lo más importante, es llegar a ser coherente entre lo que digo y hago.

No es fácil, estoy de acuerdo. Muchas veces caemos en la trampa de explicar a otros las maravillas de la sopa de ajo, sin que nos guste el sabor del ajo o incluso nunca la hayamos probado, jeje, pero hay que estar atentos porque esas mismas incoherencias pueden hacernos perder el norte. Me refiero a que nos podemos autoengañar como bien he explicado antes. Puede, no sé, que incluso sea peor que no dar consejos. Lo digo por la desconfianza que podemos generar en las personas que viven a nuestro lado y la falta de veracidad que en ellos podemos ocasionar. Puede que dejen de creernos, incluso en las verdades que manifestamos o menospreciar las ayudas que les ofrecemos. La incoherencia hace "pupa" a nuestra credibilidad incluso si estamos diciendo una gran verdad, sin esa coherencia, todo puede caer en saco roto, de aquí viene qué una persona se fije más en lo que hacemos que en lo que decimos.

ACCIÓN E INACCIÓN

El mundo está repleto de buenas intenciones así podría empezar esta parte, ¿pero es suficiente con tener buenas intenciones? ¿Con solo querer que las cosas cambien, mientras nosotros permanecemos inactivos? Sí, entiendo que un buen argumento es el de no hay prisa, otro es el de ya cambiamos con el paso del tiempo, otro es el de no forzar hay que dejar fluir. Estoy de acuerdo con ello pero no lo de dejarlo todo en manos de Dios, qué pobre ya empieza a estar cansado de "sostener" a la humanidad, jeje. Dejemos de ser "niños" y pongamos también de nuestra parte. Imagínate, a mí, sentado en el sofá de mi casa pidiendo en voz alta que me traigan un vaso de agua y repitiéndolo cada día. A esto que le explico a un amigo, quejándome, de mi desafortunado caso, que nadie me trae un vaso de agua cuando lo pido. Evidentemente, mi amigo se indignará y me dará soporte e incluso la razón diciendo qué desconsiderados que son en mi casa, a lo que yo le respondo con una pregunta: ¿quiénes son los desconsiderados? si yo vivo solo. Entonces eso es lo que pienso, lo que la mayoría hacen. Piden y piden, pero no hay nadie para servirles, lo lógico es que te levantes tú a buscar el vaso de agua e incluso si vives acompañado. En mi opinión dejemos de ser "críos" y empecemos a afrontar nuestros deseos, sueños, anhelos... en vez de querer que otros no los den hecho. Déjame desahogarme un poco, jeje. Ya sé que parece una riña o puede que lo sea, jeje.

Veo esa incoherencia en muchos. Quieren resultados tangibles, pero no hacen casi nada, por decirlo fino, para que suceda. Somos como niños pidiendo y pidiendo sin querer intercambiar nada o como suele suceder lo dejamos a la suerte o en las manos de Dios. Pero eso no es lo más alucinante después nos quejamos del resultado. De lo malo que es Dios que no atendido nuestras peticiones o lo desconsiderados que son los demás por no ayudarnos, ¿PERDONA?, es increíble escuchar esas barbaridades. Incluso si quieres ayudar a alguien dándole un consejo que te ha pedido, cuando no sale como él quería te culpa del mal consejo, eso sí, seguramente no ha hecho casi nada de lo que le has dicho, pero tú eres el que no se lo ha explicado bien. ¡Madre mía!

Señores y señoras si vivimos solos, no es lógico gritar que te traigan un vaso de agua, en su lugar, haz lo necesario para entender que si tú no te levantas, nadie lo hará por ti.

Esta historia, critica, jeje, sirve para explicar otro tipo de incoherencia humana. No nos gustamos, hay partes de nuestro carácter que no, nos gustan pero no hacemos mucho para cambiarlas y cuando él, nuestro carácter, personalidad, ego…, nos mete en líos aún lo encubrimos y sacamos pecho diciendo: - yo soy como soy y nadie me cambiará. El orgullo es un programa destructor de la convivencia. Estar orgullosos de nuestros propios desacuerdos es a mi forma de ver "enfermizo", pero esta es la observación que hago:

Nadie puede cambiarte, solo tú puedes hacerlo

Pero no te saldrá gratis, jeje. ¿A qué me refiero con lo que no te saldrá gratis? Puede que ya lo sepas, todo requiere de acciones. Las cosas, casi nunca por ser generoso, no se hacen solas. Requieren de un esfuerzo, eso sí no "masoca" sino un "esfuerzo amoroso". El esfuerzo con conciencia de porque se tiene que hacer deja de ser un esfuerzo. Con este refrán puede que me expliqué mejor. El que ama su trabajo ya nunca más trabajará.

¿Adónde quiero llegar? ¿Por qué querer mejorar? Sí, soy consciente del dilema que tenemos casi todos, ¿cómo puedo mejorar si no tengo la suficiente voluntad para hacerlo, cambiarlo?

Evidentemente, muchas personas tienen claro, lo que quieren mejorar y que tienen ganas de mejorar, pero no pueden. Parece que cuando estás en la situación algo "se apodera de nosotros" y volvemos a caer en el mismo "error". Es cómo nadar contracorriente, ¿verdad? Nuestra personalidad, ego, nos la vuelve a jugar y toma el control. Nos dejamos llevar y después de la tormenta, cuando vuelve la calma, nos preguntamos ¿por qué hemos hecho, respondido, actuado... de esa manera, si sabíamos que no era la correcta? Pues bien, eso nos pasa a todos en menor o mayor medida, tanto a los que entrenamos como a los que no. Entonces, dónde está la diferencia si a los que entrenamos y tenemos más habilidad nos pasa también cosas como esa.

Entrenar la mente no es para convertirse en una piedra y conseguir que nada te afecte, sino todo lo contrario, vivir con mayor intensidad pero con la capacidad de REACCCIONAR antes.

Me explico. El entrenamiento no hace que no te enfades sino que dure menos. Esa es la "CLAVE", permanecer menos tiempo posible en el automatismo y darse cuenta de que tú ego ha cogido las riendas y se ha apoderado de ti. Para que eso suceda menos es necesario potenciar la concentración, la capacidad de "VERSE A UNO MISMO" cambiando de personaje o mejor dicho, viviendo un papel de actor en el cual interpretamos ser víctimas o verdugos.

Aquí podemos encontrar un punto débil en lo dicho.

- ¿Cómo sabemos que es bueno o malo?
- ¿Qué está bien o mal?
- ¿Qué es lo correcto o incorrecto?
- ¿Cómo actuar en los diferentes las diferentes situaciones que nos plantea la vida?

Cómo he dicho antes para mí se trata de no "despistarme mucho" de lo que creo que es correcto. Te puedes preguntar cómo sé yo que es lo correcto, ¿verdad? Voy a hacer un pequeño resumen de todo lo escrito hasta ahora en el libro de la forma en que me di cuenta de esa pregunta.

¿Cómo saber quién quiero ser? ¿Cómo quiero reaccionar?

1. Durante mucho tiempo no sabía que **mi infelicidad** era causada por miedo, ni sabía de su existencia.
2. Alguien "señaló" a mí ego, carácter... como responsable de mis "contronazos" con la vida.
3. Después de ver con mis propios "ojos" de que eso era así, me puse a buscar la "solución".
4. Entré en un periodo de "juego" con él entrenamiento en donde quería, pero no podía. Muchas veces me podía más la pereza que las ganas y así fui tirando un tiempo.
5. El dolor se hizo más fuerte, sabía lo que tenía que hacer, pero no lo hacía. Así que cuando me sucedía la infelicidad, me "culpaba" de no haber hecho nada al respecto, y cuando me calmaba, me prometía ponerme manos a la obra. Así pasó mucho tiempo hasta que un día el dolor, por no hacer bien las cosas, se hizo más intenso y a la vez era frustrante, quería hacer las cosas

bien pero no podía.

6. Como no quería sentir más dolor me impuse una disciplina diaria, muy rigurosa, de alimentación, ejercicios… tanto físicos como emocionales y también me puse a leer y hacer talleres.
7. Como más aprendía más difícil lo veía y él desánimo caminaba a mi lado.
8. Llegó el día de preguntarme que es lo correcto o incorrecto. Llegó el día de cuestionarme si hacía falta tanta disciplina, de lo que me hacía feliz, de quién era yo y que quería ser o cómo sabía yo que lo que pensaba, me cuestionaba… no era un "comerse el coco". Me cuestionaba la espiritualidad, la alimentación… y tanto cuestionarme, me hizo estar en el limbo durante algún tiempo.
9. Llegó la solución. No podía estar así sin saber, sin comprender, sin sentir seguridad en mis pasos hacia las respuestas que me planteaba. La solución vino del cuento de San José, María y el burro. Y me dije: **Haz lo que quieras, que siempre verás que hay diferentes opiniones,** así que "elige" cuál quieres seguir. Me pregunté: ¿cómo sé que es lo correcto o incorrecto? y vino la respuesta: pues no lo sé, por eso voy a hacer lo que siento y el tiempo me dirá si la dirección es la correcta y sobre la marcha iré aprendiendo a sentir mejor. Para mí no hay nada correcto o incorrecto absolutamente, si no dependiendo de la situación será una cosa u otra. ¿El calor es bueno o malo? ¿El frío es bueno o malo? Si hace calor el frío puede ayudar, si hace frío el calor puede ayudar. Entonces, lo extrapolo a otras cosas y todo dependerá

del momento presente, en elegir que hacer en cada momento. **Es para mí importante no poner el automatismo, es decir, que es bueno o malo sino el vivir el presente y saber sentir la dirección.**

Al final las críticas a mí mismo desaparecieron. La seguridad de si lo hacía correcto o incorrecto no me hizo falta más. Empecé a vivir la vida, cada momento. Empecé a ver, que lo más importante es saber estar en el presente, sintiendo, observando el que hacer en cada instante. Practique la concentración para tener consciencia de lo que mi ego hace y de lo que yo hago. Cuando esté, el ego, quiere tomar el control, hay una alarma, una vocecita que me avisa y me dice que mi paz interior se está perdiendo, que me desvío del Ser. Entonces, unas veces antes, otras más tarde, recobro el sentir del Ser. A eso me refería, no quiero matar, controlar... al ego, me parece absurdo, el en cierta medida soy yo y yo, soy él. **Mi objetivo es educarlo, no perder el tiempo en controlar algo que es incontrolable.** Ser humilde es darse cuenta de eso, de que el ser humano, no es perfecto, porque la palabra *perfecto* tampoco debería de existir. Es algo muy subjetivo, que cuando crees que has llegado te das cuenta de que aún puedes mejorar más, jeje. Yo me conformo con mejorar mí atención, mi concentración... y así poder SER más consciente, para que cada día, me sea más fácil cambiar mis acciones automáticas por unas de más conscientes, jeje.

TODO ES MENTE

Pues sé que no vamos a estar muy de acuerdo, jeje, y vas a decir que no es cierto que también existe el corazón o que tenemos tres cerebros, etc. Si estoy de acuerdo que tenemos todo esto pero solo una mente. Voy a poner un ejemplo. Si una persona es muy amorosa y compasiva al donar su corazón la persona que lo recibe: ¿será amorosa y compasiva? ¿Amará a los demás como lo hacía el donante? Puede que incluso continúes pensando que sí, que algo se le traspasara de "vibración" a esa persona, pero lo cierto es que aunque acepte ese pequeño traspaso no es lo mismo, ¿verdad? Otro ejemplo es el de una persona con alzhéimer, que no recuerda casi nada. Sin sus recuerdos, ¿sabe lo que es querer? ¿Continua amando a su familia?... Otro caso es el de una persona en coma ¿crees que recuerda algo de lo sucedido? Sí, me imagino que dirás que hay casos, pero recuerda que esos casos no utilizaron el corazón sino que la mente fue la que tuvo una experiencia de estar fuera del cuerpo, ¿verdad? El cerebro, de momento, jeje, es el único órgano irremplazable de nuestro cuerpo, no como el corazón que pueden ponerte el de otra persona... hummm imagina que pudiesen ponernos el cerebro de otra persona, ¿crees que cambiaría nuestra personalidad?, ¿seriamos el otro? Jeje, me encantan estos juegos mentales.

¿QUÉ SOY? Y ¿QUÉ ES LA VIDA?

Pues respondiendo a lo de antes ¿seriamos el otro? Voy a dar mi opinión al respecto con dos soluciones posibles jeje. Si cree que en el cerebro se almacena todo, pues la respuesta es que sí. Cambiaríamos de personalidad y nosotros moriríamos, nuestra personalidad moriría y seria reemplazada por la que hay en cerebro del donante. Entonces se podría decir que esa nueva personalidad se ha mudado a un cuerpo nuevo. Jeje. Vaya que el donante es el que sale ganando porque se traslada a un nuevo cuerpo. Si eso es cierto llegará un día en que podrán trasplantar cerebros a cuerpos sanos y puede que nunca más tengamos miedo de la muerte, ya que nos podrán trasplantar de un cuerpo a otro. Jejeje. Que guay, ¿he? La otra opción es que nuestra personalidad no se almacene en el cerebro sino que este, es solo una wifi muy, muy compleja. Un ordenador biológico que solo hace de puente entre la materia y la no materia, en donde no se almacena nada o casi nada relevante. Puede que solo guarde recuerdos temporales para luego ser "traspasados" a un sistema mayor. Que nuestra personalidad no resida en nuestro cerebro y que al cambiarlo de sitio, jeje, de cabeza no influya en nada. Como si se estropease un ordenador y lo cambiásemos por otro. Sí, ya sé que sabes que los ordenadores almacenan la información pero también hay otros que no almacenan nada y todo lo guardan en un servidor, en donde sí que están no solo un disco duro, sino que puede que muchísimos. Yo me quedo con esta última opción. Soy un conjunto de células (materia) conectado a un universo de posibilidades que aún desconozco. Creo que no solo soy lo que veo en el espejo, sino que este cuerpo es una proyección, una sombra de lo que realmente soy. Hay tantas cosas por descubrir, tantas que no sé cómo explicar... Todos sabemos que hay algo que se nos escapa. No sabemos con toda seguridad de donde procedemos, quien nos ha creado, de donde ha salido la primera chispa o de donde procede la energía que todo lo creo… libre albedrío de creer lo que queramos.

¿Qué soy? Físicamente un conjunto de células, gobernadas por un sistema que las mantiene juntas, que tiene la capacidad de sentir y reaccionar a esos estímulos. Que almacena información y la utiliza para aprender. **Emocionalmente** un conjunto de datos, de acontecimientos, de momentos almacenados que reaccionan ante los estímulos interiores y exteriores. **Mentalmente** soy yo, lo que veo, lo que siento, lo que huelo, lo que degusto y lo que oigo. Recuerdos de lo que soy. Sensaciones de lo que soy. Imaginaciones de lo que soy. **Espiritualmente** soy luz, proyección de esa luz en la oscuridad, soy la parte indivisible de un todo, soy lo creado para SER y ESTAR.

¿Qué es la vida? Misterio. Un saber que no se sabe. Algo que me sobrepasa para entender porque lo creado no puede reconocer a su creador. Lo creado no es igual al creador sino un fragmento de este por lo tanto no dispone de la capacidad de saber de Él. La vida hay que vivirla, no entenderla sino saborearla. Hacer todo lo posible para no despistarnos de lo que sentimos y poner la mente al servicio del corazón. Porque Él es la vida, desde su centro llega la información de lo que hemos sido, somos y seremos. Él es que guarda el mejor secreto nunca contado, que es la vida. Ahí está y aunque lo trasplantemos siempre será la misma respuesta para todos, no importa quién lo lleve, porque es la misma respuesta para toda la humanidad. Solo hay que prestar atención más hacia adentro, más afinar el oído interno y veremos que todos somos iguales en esencia y esta no cambia sino que la mayor diferencia es la que hace la mente interpretativa de lo que somos. Feliz vida.

UNIR MENTE Y "CORAZÓN"

Jejeje, me vais a echar a los leones, jejeje, pero tengo que decir que el corazón no habla, no, nos dice nada. Todo es una "alucinación" de la mente. Pero estamos tan acostumbrados a hablar de él. Siempre lo comparamos con la mente y le atribuimos "pensamientos", consejos... Cuando queremos decir que algo es "amoroso" es que viene del corazón. Cuando algo es poco "amoroso" y se centra más en la lógica decimos que viene de la mente. Nos hemos acostumbrado tanto a esa diferenciación que no quería estropearte el día, jejeje.

Catalogamos a las personas según su comportamiento, externo.

- Este/a es muy mental, parece que tenga sangre de horchata.
- Este/a tiene la piel muy fina, no se le puede decir nada.

Será que no lo hemos oído muchas veces, ¿verdad? El corazón es un órgano que no "piensa". No creo oportuno atribuirle cosas que no es capaz de hacer, por lo menos el mío, jeje. Sí que es cierto que a través de él podemos acceder a lo que "espiritualmente" somos, como he explicado anteriormente.

¿Entonces, de que hablamos cuando nos referimos a esos dos estados, el mental y emocional?

Al final todo es mente. Hay una sola mente pero según la cantidad de información que maneje puede estar polarizada y como mínimo tenemos dos estados polarizados de la mente, como mínimo dos, jejeje, yo soy tripolar.

Cuando la cantidad de información que dispone una persona es más de naturaleza practica se polariza a "camuflar" más las emociones.

Cuando la cantidad de información es más de estímulos sensitivos se polariza a "negar" las decisiones.

Nuestra mente tiene acceso a esos dos tipos de información y como hemos visto todo queda almacenado en la memoria. También hemos visto que la toma de decisiones se hace por el balance de las experiencias vividas. Bueno lo digo así, pero recuerda que es como un servidor cree que son las cosas. Si hemos tenido una educación en donde se nos ha enseñado a tomar decisiones, seremos menos "emocionales" y por el contrario se nos ha estimulado "emocionalmente" nos costará entender la vida.

Aquí está el secreto, si se le puede llamar así. Equilibrar las dos polaridades de la mente con una nueva reeducación. Los mentales tener experiencias más emotivas y los sensitivos aprender a manejar el área de toma de decisiones. Aprender a manejar cada una por separado pero con un mismo propositito.

En mi caso, no ir en contra de mis emociones y hacer que la mente colabore con ellas.

A través de los estados mentales (ver después) conseguir encontrar "la conexión" con la fuente de la vida. El encontrarle sentido a la vida nos da una energía de ACCIÓN, que de otra forma nos resultaría complicado o puede que imposible de conseguir.

La actitud que tengamos con los acontecimientos pasados, presentes y futuros determinará nuestro grado de paz interior, de felicidad duradera. Todo se puede entrenar, incluso nuestra actitud.

No hay un camino igual para todos, cada uno tiene el suyo, pero hay algo que se parece en todos, el movimiento nos hace avanzar.

Lo que propongo para mi es bien sencillo, pero cuesta explicarlo. Llevo tiempo practicando, buscando y hallando, pero continúo aprendiendo. Cada día tengo experiencias nuevas que me dan más pistas de lo que es la vida e intento aprender de todas ellas. Algunas veces lo consigo antes y otras más tarde, pero todas me enseñan algo muy importante: - mientras estas vivo no paras de aprender, no hay un final y puede que tampoco un principio.

Nadie sabe la verdad de cómo hemos llegado a este planeta. El secreto de la vida continúa siendo el secreto mejor guardado.

Al llegar a tener tantas experiencias en la vida y haber recabado mucha información de "quién soy yo" escojo un camino, no poco difícil, el de trasmitir mis experiencias. Este camino me está dando un poco de "dolor de cabeza", mucho más que encontrarme a mí mismo, jejeje. Estoy aprendiendo a expresar lo vivido, lo que vivo cada día porque aunque viva en un mundo "ilusorio" como todos vosotros, me da menos "guerra". Durante este proceso consciente de evolución hacia un descubrimiento más detallado de mi mente, voy encontrando dificultades, no estoy exento de ellas, pero con lo conseguido no me siento perdido, ni solo. Ahora decido compartir lo aprendido, con talleres, charlando, ayudando… y aprendiendo lo que considero que por ahora está siendo y ha sido lo más difícil que he realizado. Podría optar por irme a las montañas y permanecer el resto de mis días en un monasterio, aprendiendo otras cosas que me moverían menos mis emociones. Esto está en mi mente, el ¿para qué quieres complicarte la vida, enseñando lo que has aprendido?, mejor vete y disfruta de la paz y tranquilidad. Puede que sea tentador, pero no es lo que siento de "corazón". Si lo hiciese iría en contra de mi naturaleza. Es como si un árbol, un naranjo, quisiese ser un roble. Tenemos una naturaleza y el descubrirla nos aporta esa paz interior de saber que "vamos por el camino que nos toca". Para mí un gran avance hacia esa paz fue el descubrir "que la lucha esta en casa". Que mis emociones y mi razón iban por separado y que se peleaban porque cada una de ellas tenían visiones diferentes sobre qué camino tomar. Lo que me gustaría hacer de aquí en adelante es aprender a manifestar lo aprendido con su justa medida. Acompañar a los que así lo deseen o un servidor este en su camino, sabiendo que es lo que tengo que decir y que tengo que callar. Entregarles aquello que necesitan para ese trocito de viaje, sin cargarlos mucho y tampoco sin dejarme nada. No busco la perfección soy consciente de que mientras viva continuaré aprendiendo, pero me conformo con poder ser útil y ser partícipe de un mundo más unido.

Lo que propongo con este libro es dar a conocer unos pensamientos y sentimientos que nos ayuden, que te ayuden a "conocerte mejor". Puedes preguntarte: ¿por qué necesito conocerme mejor? Pues para aprender a estar mejor, a sentirte mejor... saber qué es lo que te hace perder la paz, conocer los conflictos de "tus mentes", observar los pensamientos opuestos, conocer tus emociones, como nos relacionamos con los demás y lo más importante: ¿para que estas aquí?, ¿por qué estás aquí?, ¿qué eres?

Muchas gracias por leer este libro, por leer lo que he escrito. En estos momentos de mi vida me es importante el poder compartir, "si la mente no me engaña" y si lo hace que bien que no me "duela vivir", lo que he aprendido, lo vivido. Ahora me es muy importante hacer este amoroso trabajo porque sin ti, sin vosotros yo no podría evolucionar. Gracias por estar en mi vida.

ESTADOS MENTALES:

Relajación: la relajación mental se consigue cuando somos capaces de desviar la atención de los pensamientos cotidianos, cuando conseguimos cambiar el foco de un pensamiento de preocupación a uno neutro. Cuando somos capaces de sentir bienestar pensando, imaginando, recordando…

Observación: es un estado en donde la mente recopila información del exterior por medio de los sentidos sin ningún propósito en concreto.

Atención: es la capacidad de poner los cinco sentidos en algo que he decidido. Pongo el foco con los cinco sentidos en un objeto o situación.

Concentración: la capacidad de enfocar un solo sentido, abstrayéndome de los otros. Poner el foco en algo o una situación con solo un sentido.

Meditación: la capacidad de abstraerme de los cinco sentidos, de pensamientos… y conectarme a un objeto o percepción.

Poner la mente en blanco, ¿es posible, es bueno…?
Cuanto lio hay con esto, jeje. Desde que se hizo una mala traducción de dejar pasar los pensamientos muchas personas han utilizado mal este concepto de dejar la mente en blanco. Primero se decía que había que dejar pasar los pensamientos sin enfocarse en ellos, después muchos utilizaron, ver en la "pantalla mental" un lienzo en blanco, después ya se pasó a dejar la mente en blanco… seguro que cada uno lo explica como él lo vive, pero la meditación no tiene que ver con conceptos sino que cuando se logra no hay conceptos. La mente en blanco solo es una manera de expresar que NO HAY PENSAMIENTOS, de ninguna forma quiere decir que no hay mente. Esto ha creado mucha confusión en personas que

conozco, les ha generado miedo el concepto de dejar la mente en blanco. Claro, no me extraña hasta mí me generaría rechazo pensar que me tengo que quedar vacío, sin mente... y entonces con que se llena esa mente vacía o en blanco... da miedo, ¿verdad? Algunos creen que el demonio se les puede meter en la mente cuando ellos no están ocupándola, o que unas entidades malignas pueden "secuestrarles"... Pues la expresión no es afortunada. La traducción de dejar la mente vacía no se corresponde con esto. Es imposible dejar la mente vacía. La mente siempre está ocupada por nosotros, por decirlo de alguna manera, lo que si conseguimos es abstraernos de los sentidos y pensamientos..., pero continuamos habitando la mente desde un sentir diferente. Muchos de nosotros hemos experimentado esa sensación que se le suele llamar vivir en la luna. Nos abstraemos de todo y nos quedamos pensando en algo... es como si todo lo de nuestro alrededor no existiese. Pues imagina que es eso, que es ese estado pero tampoco hay pensamientos. Me refiero a razonar las cosas, sobrepesarlas, buscar la solución a algo o incluso no hay dialogo con uno mismo de pregunta y respuesta. Es un estado de superconcentración en algo, pero sin juzgarlo sin querer hablar de ello... es un estado de sentir desde adentro...

TÉCNICAS DE MEDITACIÓN

Como he dicho la meditación es la abstracción de los sentidos. Llevo muchos años intentando meditar, jeje, y no sucede cuando yo quiero sino que es algo que se alcanza con un grado muy alto de concentración. Las diferentes técnicas de meditación tienen algo en común según mi parecer, que no se consiguen sentándose y diciendo: - me voy a meditar y listo ya estoy abstrayéndome de los sentidos, sino que todas pasan por los estados que he comentado. El último antes de la meditación es la concentración.

Podemos estar sentados, en el suelo, en una silla e incluso estirados si conseguimos no dormirnos... pero es importante tener la espalda recta para que evitar que nos duela el cuerpo. Ya es bastante difícil concentrarse sin dolor imagínate con dolor, jeje. Si puedes haz algunos ejercicios para estirar y relajar el cuerpo. Como no podía ser de otra forma, jeje, yo te recomiendo el Yoga.

Una vez en la postura podemos dejar los ojos abiertos y enfocados en un punto en el suelo o mirando a una pared. Otra posibilidad es dejar los ojos cerrados y sin mover demasiado los ojos. Si eres de los que se duermen fácilmente o estás cansado mejor con los ojos abiertos pero si no hay forma de concentrarse porque la luz te distrae mejor con los ojos cerrados.

Una vez escogida la postura y el punto de enfoque visual vamos a poner nuestra atención a lo que ocurre en nuestra mente. La mayoría de técnicas silenciosas y estáticas se centran en no "engancharse" a los pensamientos, dejarlos pasar o dicho de otra forma, observarlos sin darles importancia. Esta es la base para muchas técnicas, que como champiñones cada día salen de nuevas con bonitos y flamantes nombres, jeje. Pero meditar no es tan difícil, por lo menos empezar a intentarlo, otra cosa es conseguirlo pero la práctica hace al maestro. Como es una cosa tan personal, entre TÚ y tu mente, por mucho que yo tenga experiencia y consiga un grado de desconexión no podré hacerlo por ti así que todos tendremos, más tarde o temprano, que convertirnos en maestros de nosotros mismos. Pero no hay prisa, todo se está haciendo, sin prisa y sin pausa.

Una vez explicado esto, lo mejor es que pruebes que técnica de concentración es mejor para ti. Sí, has leído bien, técnica de concentración, porque de eso va todo. Sin la concentración no podremos llegar a ese punto de abstracción. Pero a lo mejor tú estás tan cansado, que lo que necesitas primero es relajarte. Pues te dejo esta primero y después varias técnicas para mejorar tu concentración.

TÉCNICAS DE RELAJACIÓN

Tumbado en una superficie cómoda separas los pies y los dejas a la altura de los hombros. Haces lo mismo con las manos y dejas las palmas hacia arriba. Acerca la barbilla hacia el pecho, solo lo justo para estirar las cervicales, sin llegar a tocar y centra la cabeza. Esta es la posición base en este ejercicio procuraremos no movernos nada una vez que estés en la postura. Si tienes ganas de moverte utiliza la técnica de enfocar tu mirada interior hacia esa parte y mira de relajarla todo lo que puedas. Empezamos por los pies y llegaremos a la cabeza. Normalmente, sino tienes mucha practica al principio parecerá que no has conseguido nada y que aún parece que te has estresado más queriendo seguir estos pasos. No te preocupes es normal, recuerda, la práctica hace al maestro. También puedes buscar un montón de audios de relajación en internet, eso siempre lo tienes, pero siempre dependerás de cosas externas para lograr relajarte y ¿Qué pasará cuando no las tengas? Te aconsejo que aprendas a hacerlo por ti mismo, ten paciencia. Te lo pondré fácil, pero se puede hacer con más precisión.

Una vez tumbados y en posición ponemos la atención en la respiración. Sentimos como el aire entra y sale con normalidad. Intentamos de no forzar ningún tipo de respiración sino que sea natural. Cuando la respiración se calme empezamos a poner el foco en partes de nuestro cuerpo. Empezamos por los dedos de los pies, miramos de relajarlos aún más, aflojando. Recuerda de poner tu atención, de "tú querer" relajarte. No nos estaremos demasiado tiempo en cada parte e iremos avanzando. Después de los dedos de los pies, la planta de los pies, los talones, los tobillos, las pantorrillas, las rodillas, los muslos, los glúteos, las lumbares, el abdomen, el pecho, la espalda, los hombros, los brazos, las manos, los dedos de las manos, el cuello, la lengua, la mandíbula, las mejillas, la frente, los ojos y por último la frente. No importa si te acuerdas o no, el orden que sigas tu solo empieza por los pies y ves repasando cada parte hacia llegar a la cabeza. Entiendo que al principio te resulte difícil a todos nos ha pasado, pero te aseguro que con la práctica esto que te parece ahora complicado se convertirá en un placer, jeje. Es como aprender a conducir pero este coche es de carne y hueso, jeje. Una vez repasado el cuerpo, la musculatura por concretar, te centras en no hacer nada, en simplemente poner tu atención en la respiración y si hay pensamientos no luches contra ellos para que se vayan sino que solo deja que estén.

Otra técnica pero más activa es la de contracción-relajación. Puedes seguir todos los pasos anteriores, pero ahora en vez de relajar la parte del cuerpo la vamos a tensar durante 3 segundos. El sistema seria por ejemplo el apretar el puño y mentalmente contar hasta tres y soltar. Después de soltar sí que es necesario relajar. Volvemos hacer lo mismo, apretamos y soltamos. Una vez hecho dos veces dejamos esa parte totalmente inmóvil y pasamos a otra parte. Para las partes más complicadas como la cabeza, brazos y las piernas, puedes intentar presionar estos contra el suelo, como si quisieses levantarte. Para la cabeza presiona esta contra el suelo, para los brazos presiona las palmas contra el suelo y para las piernas presiona los talones contra el suelo. Esta técnica es de las mejorcitas para las personas con estrés o nerviosas ya que es más activa y lo que hace es "forzar" la musculatura y por cansancio se relaja.

TÉCNICAS DE CONCENTRACIÓN.

Visualización de figuras y objetos

Esta técnica nos ayuda a recordar las cosas como son, materialmente hablando y aumenta nuestra capacidad para visualizar. Nos es muy útil saber qué es lo que ha sucedido y evitar que la mente "invente". Ahora lo que buscamos es la "verdad" de lo que podamos recordar. Si dejamos que las emociones intervengan, "falsearán" nuestros recuerdos y nos será de poca ayuda a la hora de querer hacer cambios en nuestra conducta.

Mira este triángulo durante un rato, hasta que creas que puedes recordarlo. Cierra los ojos y trata de verlo de nuevo en tu pantalla mental, cuando empiece a desaparecer, abre los ojos y le échale otra mira. Hacemos este ejercicio de mirar y cerrar los ojos durante unos 5 minutos, tratando de recordar, no de imaginar, que como hemos visto son cosas diferentes. (pág. 115)

Vamos a hacer lo mismo con esta otra figura. Recuerda de no permanecer mucho tiempo con los ojos abiertos, tiene que ser una mirada rápida.

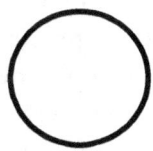

Y lo mismo con esta última figura. Bueno después de hacerlo con las anteriores seguro que ya eres un experto otra cosa es que te sea más o menos difícil.

Si te resulto fácil prueba esta otra opción sino, no te preocupes con el tiempo se va mejorando la capacidad para visualizar. Se puede hacer con cualquier figura, ahora lo veremos y objetos.

Lo mejor es practicar cuando te sientas descansado de la vista y no importa si lo hacemos con gafas o sin ellas, como te sientas más cómodo. Si nos va resultando fácil también podemos ir utilizando objetos sencillos e ir progresando en su complejidad visual. Cuanto más practiques, más fácil te será e incluso podemos ir avanzando y atrevernos a visualizar diferentes objetos a la vez e incluso paisajes.

Una de las más famosas por así decirlo es la visualización de la llama de una vela. El sistema es el mismo permanecer con los ojos abiertos un rato a un metro de la llama y tratar de visualizarla en la pantalla mental con los ojos cerrados.

Perspectiva

Necesitamos un objeto, voy a proponer una piedra. Pero también puede ser un diamante, jeje. Nos sentamos cómodamente a ser posible con la espalda recta y ponemos el objeto enfrente de nosotros. Con los ojos abiertos e intentando pestañear lo menos posible vamos captando todos los matices posibles del objeto en cuestión. Cada cierto tiempo lo movemos y volvemos a intentar ver todos los detalles desde esa otra posición. Aquí una cosa importante a observar, a la vez, son tus juicios hacia el objeto, que piensas de él. Intenta anotar que palabras o frases te vienen del objeto durante toda la práctica. Es pillarse poniéndole adjetivos a las cosas, por ejemplo, que fea es, que grande, redonda, rugosa... espera ¿rugosa? ¿Cómo sabes que es rugosa sino la has tocado? Si, solemos poner adjetivos a las cosas intercambiando los sentidos. Como por ejemplo si estamos viendo una piedra, ¿Cómo sabemos que textura tiene? Suele pasar mucho con el sentido de la vista, que según la imagen que se proyecta en nuestro cerebro la mente interpretativa nos da un tipo de información ya almacenada en nuestra memoria respecto al objeto. También pasa con el tacto, si nos acercamos a una fuente de calor, con los ojos cerrados, lo más seguro es que no llegues a tocarla porque la mente interpreta ese calor como peligro, ya que recuerda que alguna vez sufriste una quemadura.

Otras variantes que podemos probar son: coger la piedra con la mano y ver que sentimos, después la tocamos con los pies, con el codo, con la lengua… con diferentes partes de nuestro cuerpo a ver qué pasa, jeje. Recuerda lo más importante es ver que estamos pensando.

Pulsaciones

Nos sentamos cómodamente como de costumbre a ser posible con la espalda erguida. Colocamos los dedos índice y corazón de la mano derecha sobre la parte interior de la muñeca izquierda intentando encontrarnos el pulso cardiaco. Cuando lo tengamos intentamos estar concentrados y ver si somos capaces de disminuir voluntariamente la frecuencia cardiaca a la vez que estamos observando nuestros pensamientos.

Una variante para concentrarnos seria conocer de antemano cuantas pulsaciones tenemos previas al ejercicio en 10 minutos. Por ejemplo contar las que tenemos en un minuto y multiplicar por 10. Imagina que me salieron 600 pulsaciones. Entonces me pongo un temporizador para que me avise o un reloj delante para saber cuándo han pasado los diez minutos. Empiezo cerrando los ojos y a contar las pulsaciones a la vez que trascurre el tiempo. Evidentemente, sino me despisto, conseguiré abrir los ojos en el momento, casi exacto, de llegar a los diez minutos. También se puede hacer con más tiempo si te resulta fácil mantener la concentración por diez minutos. Cuanto más prolonguemos el ejercicio más probabilidades de perder la concentración.

Otra variante un poco más complicada, es la de escuchar los latidos del corazón sin necesidad de ayudarnos de las manos. Llevamos la atención al corazón y tratamos de sentir las pulsaciones.

Sensibilidad táctil

Este ejercicio si tenemos ayuda mejor pero también lo podemos hacer solos con un poco más de honestidad, jeje.

Nos sentamos cómodamente con un folio en blanco

Se trata de tocar un objeto con los ojos cerrados y describirlo mentalmente. Una vez creemos que disponemos de toda la información lo dejamos detrás de nosotros y en papel apuntamos su descripción. Si nos acordamos de detalles mejor que mejor. Cuando finalicemos vemos cuán cerca hemos estado. Aquí lo más difícil es "imaginar" los colores con el tacto, jeje.

Si estas solo puedes poner muchas piedras en una bolsa e intentar describirla como he comentado u objetos muy similares.

Respiración y relajación

Es la más simple de todas. Nos sentamos cómodamente y observamos nuestra respiración. Otra es la de observar la temperatura del aire al pasar por las fosas nasales. Observamos que cuando inspiramos el aire es más "fresco" que al exhalar, que es más cálido.

Respiración, visualización y concentración

Pranayama significa control de la respiración. La respiración consciente puede tener cuatro fases:

- La inspiración: tomo aire.
- **Retención pulmones llenos**: aguantamos el aire en los pulmones sin dejarlo escapar, igual que si buceásemos.
- **La exhalación**: dejamos salir el aire.
- **Retención con pulmones vacíos**: una vez que hemos sacado todo el aire, hacer una pausa, esperar, antes de volver a tomar aire.

En este apartado veremos diferentes tipos de ellos unidos a la visualización. Partimos de todos ellos en una posición de estar sentados y con la espalda recta. La duración la determinas tú pero si se hacen 20 minutitos está más que bien para empezar. Cada uno de los que veremos se puede hacer físicamente o imaginativamente.

- **Físicamente**: Con los ojos abiertos extendemos la mano derecha hacia adelante señalando con el dedo índice. Mantenemos frente nosotros el dedo mientras dibujamos imaginariamente una figura.
- **Imaginativamente**: con los ojos abiertos o cerrados imaginamos la figura geométrica que hemos elegido y la vamos dibujando mentalmente.

Otra cosa a tener en cuenta es el tiempo o mejor dicho los tiempos de inspirar, retener y exhalar. Según nuestra capacidad pulmonar escogeremos más o menos segundos, siempre sin forzar. Se suele expresar así: 3 + 3 + 3 + 3, con cuatro cifras en el caso de utilizar los dos tipos de retenciones. En este ejemplo inspiraríamos a la cuenta de tres segundos, retendríamos con pulmones llenos tres segundos, exhalaríamos en tres y retendríamos con pulmones vacíos otros tres segundos, pero también se pueden hacer variaciones como: 10 + 3 + 10 + 3 o 10 + 5 + 20 + 5…

Una cosa más, la respiración va unida al movimiento y mientras respiramos o retenemos el dedo índice no se para, siempre está en movimiento y cuando acabas vuelves a empezar. Seguramente al principio te costará sincronizar el movimiento y la respiración ya que es muy probable que mientras aún estés imaginando que pintas un lado el dedo este mucho más avanzado o se quede ralentizado. Vamos a ver un ejercicio, el primero y más sencillo para empezar.

Pranayama redondo: se trata de imaginar que pintamos un círculo a la vez que inspiramos y exhalamos. Aquí no hay retenciones. Podemos empezar con 5 + 5 e ir subiendo y probando. Para dibujarlo sin perder la concentración y la respiración imaginaremos que lo dibujaremos en sentido de las agujas del reloj empezando por la parte más abajo que serían las 6 h en el ejemplo de un reloj y subiríamos hacia las 7h y así hasta completar el círculo. En este ejemplo a la vez que vamos señalando con el dedo la forma imaginaria del círculo subiendo de las 6 h a las 7h, 8h… vamos tomando aire y contando del 1 al 5 así que al llegar al número 5 tu dedo también apuntase a las 12 h. Sin detenerse vamos sacando el aire a la vez que contamos del 1 al 5. Recuerda que el dedo también tiene que seguir en movimiento continuo y esta vez va de las 12 h a las 6 h. Como antes al llegar a la cuenta de 5 el dedo estaría bien que apuntase a las 6 h. Puede que te digas que no hace falta ser preciso e intentes apuntar el dedo al finalizar la cuenta. Si, para empezar eso es lo que sucederá en la mayoría pero sería fabuloso que no te quedases aquí e intentases sincronizar el movimiento con la respiración, jeje.

Pranayama triangular, opción 1

Como el nombre indica tiene tres lados. Imagina un triángulo equilátero, la cuenta seria esta: 5 + 5 + 5. Inspiramos en 5, retenemos con pulmones llenos 5 y soltamos en 5. Como en el otro lo más importante es sincronizar el movimiento con la respiración y que, por ejemplo no te encuentres soltando el aire y el dedo se quede en la línea horizontal (reteniendo).

Pranayama triangular, opción 2

Vamos a empezar a complicarlo un poco. Ahora la pare de la retención esta con pulmones vacíos. La cuenta seria la misma pero empezamos inhalando, después ya exhalamos, como ves no hay retención con pulmones llenos, ya que la base del triángulo esta ahora abajo, y seguimos con una retención con pulmones vacíos antes de reemprender de nuevo la inspiración. Una norma para estos Pranayamas es que la línea ascendente se une a la inspiración, la descendente a la exhalación, la línea horizontal que va de izquierda a derecha seria retención con pulmones llenos y la que va de izquierda a derecha la retención con pulmones vacíos.

Pranayama cuadrado

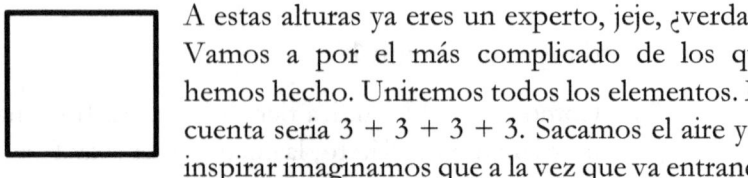

A estas alturas ya eres un experto, jeje, ¿verdad? Vamos a por el más complicado de los que hemos hecho. Uniremos todos los elementos. La cuenta seria 3 + 3 + 3 + 3. Sacamos el aire y al inspirar imaginamos que a la vez que va entrando el aire en los pulmones la línea izquierda (vertical ascendente) se va pintando en nuestra pantalla mental. Al llegar a la esquina superior izquierda retenemos el aire a la vez que imaginamos que la línea horizontal superior del cuadrado se va pintando hasta llegar a la esquina superior derecha. Al sacar el aire bajamos por la línea vertical derecha hasta la esquina inferior derecha retenemos con pulmones vacíos, no cojamos aire, ni soltemos a la vez que nos desplazamos imaginariamente hasta la esquina inferior izquierda en donde volvemos a empezar otra vez todo el ciclo.

Ya estamos preparados para hacer los cambios que queramos y busquemos una cuenta que nos permita mejorar nuestra capacidad respiratoria (llegar al límite) y a la vez que sea posible finalizar el ejercicio, vaya que no hace falta ahogarnos. Jeje.

Como he escrito este es un ejercicio muy completo. Integra la respiración, el ejercicio físico muscular de mantener el brazo extendido, la concentración y la capacidad de visualizar o para algunos imaginar.

Concentración con el sonido

Repetir un sonido o una frase nos ayuda a estar sin pensamientos. Personalmente me gustan mucho los mantras. Etimológicamente, la palabra mantra proviene de los vocablos sánscritos MAN, 'mente', y TRA, 'liberar'. La repetición satura la mente con ese estímulo y facilita el estar sin pensar en más cosas que el mismo mantra. Hay infinidad, pero me gusta cantar el Om con Armónicos. Tú puedes buscar el que más te guste, jeje.

Otra forma de usar el sonido como concentración es **contando las veces que oímos un sonido**. A mí personalmente me gusta este. Sentarme al lado de un reloj que me marque los segundos y contarlos. La práctica consiste en ver si al final de la cuenta coincido con el tiempo trascurrido. Por ejemplo cuando lo hago empiezo a una hora exacta a las 22:00 o 22:05… busco una hora que me sea fácil y al contar mentalmente 3.600 segundos abro los ojos y miro la hora a ver si coincidó. Me ayuda mucho porque me muestra si realmente soy capaz de concentrarme de no perderme.

Este es un poco más difícil, pero también me encanta. **Escuchar los latidos de mi corazón en los oídos**. Me concentro en el sonido interno de mi cuerpo y logro oír mis latidos. No estoy hablando de sentir las pulsaciones sino de oírlas como si tuviese mi oreja pegada encima de mi pecho. ¿Alguna vez te ha pasado que pones la oreja en el cojín y puedes oír tus propias pulsaciones? Aparte de ser muy relajante me conecta rápidamente con otra parte de mí. La técnica es poner toda tu atención en uno de los dos oídos y dejar que suceda. Con la práctica podrás conseguir fijar el sonido en la oreja que tú quieras e incluso saltar de una a la otra.

Se pueden contar las gotas de lluvia que caen sobre una superficie armónicamente, una detrás de otra. Conectar con el sonido del viento… Oír tu propia respiración, el silencio que no es silencio, el vacío que no es tan vacío…

Me gusta cuando estoy **en la naturaleza** el cerrar los ojos y concentrarme en todos los sonidos e intentar diferenciarlos o incluso reconocerlos. Me gusta oír el murmullo de un riachuelo, rio, cascada… de los pájaros, de las hojas… cualquier cosa la puedo utilizar como método de concentración.

Concentración imaginaria

Una práctica imaginativa muy potente para la mente es pintar números imaginarios en una pizarra mental. Seguro que te acuerdas de esas pizarras de color verde o negro que teníamos cuando íbamos a escuela que utilizábamos tiza blanca para escribir o dibujar sobre ellas, jeje. Sí, sí que sé que aún están, jeje, pero es para que te sirva de soporte para entender el ejercicio del que estoy hablando. Pues imagina que la tienes delante y que con la mano que utilizas para escribir dibujas un 1. Cuando acabas, con la mano contraria borra ese número y así vamos dibujando todos los números del 1 al 100, por ejemplo.

Concentración imaginativa con respiración

Esta consiste en respirar palabras opuestas. Buscamos una pareja de opuestos, por ejemplo: miedo - valentía, y cuando inspiramos, mentalmente nos repetimos: recojo valentía y al exhalar: dejo miedos. Se puede hacer con un miedo en concreto. Otra variante es, en vez de decirla mentalmente pintarla en la pizarra mental, como he dicho antes.

Mantener el foco

Es bastante normal que nos cueste mantener el foco en algo durante mucho tiempo. La naturaleza de las cosas se basa en el movimiento. Según se dice todo está en movimiento y la mente no podía ser una excepción. Entonces el ejercicio es intentar mantener una imagen en la pantalla mental sin que se mueva. Podemos mirarnos la mano con los ojos abiertos y al cerrarlos intentar recordar esa imagen sin que se mueva. Al ver que se mueve volver abrir los ojos y visualizarla de nuevo. Cuanto más tiempo llevemos, nos daremos cuenta, de que nos supone más esfuerzo que al principio de haber empezado el ejercicio.

Respiración completa

Esta también es bastante fácil y nos ayuda a conseguir un control total sobre el diafragma y la respiración. La utilizo mucho para obtener energía extra del oxígeno y también me sirve para genera calor corporal. Sentados como de costumbre vamos a hacer respiraciones sin retenciones pero completas. ¿Qué quiero decir con completas? Pues que al inspirar llenaré totalmente los pulmones y al exhalar los vaciaré completamente. ¿Cómo puede llenar totalmente los pulmones? Pues relajando totalmente el abdomen. A eso agregar no utilizar cinturones o cintas apretadas. El abdomen al inspirar tiene que estar suelto hacia afuera como si quisiésemos sacar barriguita. También decir que cuando lleguemos a sentir que los pulmones están casi llenos también es aconsejable relajar los hombros y clavículas para favorecer el tanto por ciento de llenado extra de la parte superior de los pulmones. ¿Cómo puedo vaciar los pulmones completamente? Pues utilizando los músculos abdominales. Al exhalar cuando parezca que ya estamos llegando al final presionaremos el abdomen hacia adentro como si quisiésemos esconder la barriga, eso será suficiente para que el diafragma suba un poco más y comprima un tanto por ciento extra los pulmones vaciándolos por o casi por completo. Todo lo explicado es una respiración completa. Explicada la parte física paso ahora la parte de la concentración. Durante la inspiración contaremos internamente el tiempo en que tardo en llenar y vaciar los pulmones. Empiezo siempre con una exhalación normal y cuando inhalo empiezo a contar mentalmente, 1, 2, 3... hasta llegar al tope de aire que puedo almacenar en los pulmones y después vuelvo a contar la exhalación mentalmente, 1, 2, 3... hasta vaciar por completo los pulmones. Es importante no hacer respiraciones intermedias, si se puede claro, jeje, ese es el propósito, pero al inicio costará un poco sino que cuando acabo una empiezo con la siguiente y así durante un tiempo. Prueba a empezar con 10 minutos e ir subiendo. Lo ideal sería llegar hacer una sola respiración por minuto. Yo le dedico una hora muchas veces y estoy muy cerca de hacer solo 60 respiraciones en una hora. Los beneficios son muchos: mejor capacidad de concentración, más energía física, puede favorecer que desaparezcan migrañas, dolores lumbares, intestinales... pruébala y compartimos experiencias.

Concentración activa

Otra forma de concentrarse es en movimiento. Se suele utilizar con alguna técnica estática de concentración para favorecer los entrenamientos largos. Muchas veces el cuerpo es el que se queja de estar tanto tiempo sin moverse pero no, nos interesa perder la concentración o distraernos mucho para continuar luego con la práctica nuevamente sentados. Vuelvo a recomendar el Yoga como preparación física para los estados prolongados de concentración.

Una técnica sencilla es la de andar muy despacio poniendo toda la atención en como pisamos. Cuando el cuerpo se siente de nuevo relajado podemos volver a sentarnos e intentar de nuevo dejar pasar los pensamientos o lo que sea, jeje,

Otra técnica es la de andar respirando conscientemente. Al andar sincronizamos nuestra respiración con nuestros pasos. Al hacer un paso con la pierna izquierda inspiramos y al hacerlo con la derecha exhalamos. Lo importante aquí es sincronizar el paso con la respiración que no toquemos suelo antes de que inhalación este completa o la exhalación.

El Hatha Yoga en sí, en cada una de las posturas uno puede conseguir unir el movimiento, la respiración, la calma mental, la concentración y en la fase estática incluso la meditación.

Método para potenciar tu concentración

Método para desarrollar la atención, la concentración, la voluntad y la capacidad respiratoria entre otras cosas. Serenar la mente, aquietarla y atarla al presente son requisitos indispensables, según un servidor, para llegar al conocimiento de uno mismo. He utilizado este método y lo continúo practicando con muy buenos resultados. Deseo que te sirva de ayuda en tu despertar. Todos somos uno.

Mes 1 – Semana 1

Únicamente sentarse y comprometerse con uno mismo a no abandonar el sitio elegido durante veinte minutos, ni más ni menos; solo durante ese tiempo es importante que sea así. Nada más, puedes tener los ojos abiertos.

Mes 1 – Semanas 2, 3 y 4

Sentarse veinte minutos, ni más ni menos, con los ojos cerrados y en silencio todo el tiempo que sea posible.

Si has conseguido hacer lo explicado en el Mes 1, pasa al Mes 2. Si no, vuelve a empezar por el principio.

Mes 2

Todo este mes estarás sentado cómodamente, con los ojos cerrados, *sin mover el cuerpo* y sin hablar. Aunque tengas ganas de moverte, tienes que conseguir parar esos impulsos y quedarte estático.

Si lo has conseguido, pasa al Mes 3. Si no, regresa al Mes 1. ¡Importante! No hagas trampas; solo conseguirás engañarte a ti mismo porque nada cuenta en esta práctica, solo tú.

Mes 3 – Semanas 1 y 2

Lo mismo que en el Mes 2, pero esta vez, al finalizar la sentada —los veinte minutos— apuntarás en un cuaderno de prácticas —un cuaderno que solo será para tal fin— las respiraciones que haces cada día durante esos veinte minutos que estás sentado.

¡Importante! El cuaderno solo lo utilizarás para anotar las prácticas, nada más. Por ejemplo:

Día 1, Semana 1, Mes 3: 800 respiraciones.

Día 2, Semana 1, Mes 3: 775 respiraciones.

Día 3, Semana 1, Mes 3: 850 respiraciones.

Mes 3 – Semanas 3 y 4

Estas semanas tienes que intentar *respirar más lentamente*. Contarás las respiraciones igual que la semana anterior, pero esta vez *procura que sean más pausadas*. Recuerda apuntar las respiraciones.

Si has conseguido estar sentado todo el mes y has anotado todos los días tus respiraciones, pasa al Mes 4. Si no, regresa al Mes 1. *Muy importante: no hagas trampas.*

Mes 4 – Semanas 1 y 2

Coge tu cuaderno y haz una media de la suma de todas las respiraciones que hiciste la última semana del Mes 3. Por ejemplo:

800 (Día 1) + 700 (Día 2) + 600 (Día 3) + 500 (Día 4) + 500 (Día 5) +500 (Día 6) + 500 (Día 7) = 4100 / 7 días ≈ 585,71. El resultado sería una media de 585 respiraciones.

Siéntate y aumenta el tiempo del cronómetro *a treinta minutos*. Aquí hay un cambio. Cuando acabes de contar las respiraciones que te salieron de la media (en el caso del ejemplo, 585), te quedarás sentado sin hacer nada y, si la alarma del cronómetro suena antes, no pasa nada. Al finalizar el tiempo anota en tu cuaderno, de esta forma, el resultado:

Día 1, Semana 1, Mes 4. ¿He finalizado antes de que se acabase el tiempo? Sí.

Día 2, Semana 1, Mes 4. ¿He finalizado antes de que se acabase el tiempo? No.

Día 3…

De ahora en adelante utilizaremos mucho la concentración en la respiración y, sobre todo, las cuentas. No digas a primera de cambio que «*no te gusta contar*», que «*meditar es otra cosa*», que «*tú sientes más de corazón*» y otras posibles excusas para no practicar la disciplina. Estos ejercicios tienen un gran beneficio tanto para potenciar tu voluntad como para volver a aprender a respirar y mejorar tu capacidad de oxigenación de todas tus células, así como equilibrar tu sistema nervioso. Solo cuando lo hayas practicado durante un largo periodo y hayas superado la falta de atención podrás hacer una valoración, pero te pido que confíes en mí y no te dejes engañar por tu mente indisciplinada. No dejes de practicar aunque haya momentos que no te apetezca. ¡Ánimo, que lo mejor está por llegar!

Mes 4 – Semana 3

Esta semana, cuando llegues al final de la cuenta de las respiraciones y la alarma no haya sonado, vuelve a empezar desde cero a contar las respiraciones, y cuando suene la alarma, anota en el cuaderno el resultado así:

Día 1, Semana 3, Mes 4. Total segunda vuelta: 50 respiraciones.

Día 2, Semana 3, Mes 4. Total segunda vuelta: 40 respiraciones.

Día 3...

En el caso que suene la alarma y hayas finalizado la cuenta, esta semana tienes que procurar acortar un poco más la inspiración y la exhalación para, así, finalizar antes de que se acabe el tiempo y puedas anotar en el cuaderno la segunda vuelta.

Recuerda, la media es la que obtuvimos la Semana 1 del Mes 4.

Mes 4 – Semana 4

Esto es para los que no consiguen finalizar la cuenta y les suena la alarma. Si no es tu caso, sigue igual que en la anterior semana.

¿No consigues finalizar antes de que suene la alarma? No te preocupes; es posible que tu respiración esté más agitada o necesitemos corregir la media que obtuvimos. Revisa que las sumas estén bien y que la división no contiene errores. Si todo está correcto, vamos a quitarles 108 respiraciones a las que tenías de resultado total (no a la media).

No te preocupes, no estás haciendo nada mal. Lo que pasa es que cada persona tiene una cadencia respiratoria diferente, y lo importante no es el número más o menos de las respiraciones, sino la capacidad de concentración. Así que no le des más vueltas, que lo importante es el ejercicio en sí y no las sumas.

Lo importante no son los totales, y si has conseguido hacer la práctica todo el mes sin saltarte ninguna sentada, pasa al Mes 5. De lo contrario, vuelve a repetir el Mes 4. Qué alivio que ya no hay que volver al Mes 1, ¿verdad?

Mes 5

Durante la primera semana, coge la cantidad de respiraciones que utilizamos en la primera vuelta –la que salió de hacer la media– y le sumas el total de respiraciones que tienes apuntadas en el Día 7 de la Semana 4 del Mes 4. Por ejemplo:

La media que teníamos de ejemplo eran 585 y aquí le añado el último resultado del Mes 4. Supongamos que el total de la segunda vuelta fueron cincuenta respiraciones de más. El resultado para este mes sería 585 + 50 = 635. Para todo el mes, lo que tendríamos que conseguir es contar (en el caso de ejemplo; tú usa tu total) las 635 respiraciones en treinta minutos.

Apunta en tu cuaderno el resultado de la cuenta cuando sonó la alarma según si te faltaron por llegar, si te pasaste o si llegaste a coincidir. Si sincronizas tus respiraciones con la alarma, anota un cero. Si, de lo contrario, te faltan para llegar, anota las que te faltaron, y si llegas a la cuenta y la alarma aún no ha sonado, vuelve a empezar desde cero, ve contando hasta que suene y anota las que hiciste en la segunda vuelta. Por ejemplo:

Día 1, Semana 1, Mes 5. Resultado: +50 (me pasé 50 respiraciones).

Día 1, Semana 1, Mes 5. Resultado: -50 (me faltaron 50 respiraciones para llegar).

Día 1, Semana 1, Mes 5. Resultado: 0 (acabé justo).

Durante todo este mes tendrías que intentar hacer que tu respiración vaya sincronizada con lo que dura la práctica. Si las cuentas que hiciste están bien, el resultado de las respiraciones obtenidas se acercará al tiempo trascurrido. Si notas que es difícil de conseguir, prueba a ajustar el total de respiraciones que tendrías que hacer en treinta minutos. Si los resultados son muy diferentes de un día para otro es que la distracción ha influido, por lo que te recomiendo que no pases al siguiente mes hasta que consigas sincronizar más o menos (+5/-5) con el tiempo.

Mes 6

Durante este mes irás anotando en el cuaderno cuántas respiraciones haces en total, pero añadiendo un grado más de dificultad. Esta vez contarás mentalmente hasta tres cada vez que inspires y expires; a eso le llamaré una «respiración». Vuelve a inspirar y, mientras entra el aire en los pulmones, ve inspirando hasta llegar a la cuenta mental de tres. Acto seguido, ve soltando el aire hasta que llegue a la cuenta mental de tres; eso sería la segunda respiración.

Es importante intentar encontrar el ritmo y no dejar de inspirar o exhalar mientras cuentas mentalmente. Cuenta uno, cuenta dos y cuenta tres; todo este rato has estado inspirando. Cuenta uno, cuenta dos y cuenta tres; todo este rato no has dejado de exhalar.

Vamos a ver cuántas respiraciones tendrías que hacer según el ejemplo del mes pasado en el que la suma total eran 635 respiraciones.

El tiempo ahora es de treinta minutos, pero cada respiración dura tres segundos al inspirar y tres, al exhalar; esto son seis segundos:

3 segundos (inspiración) + 3 segundos (espiración) = 6 segundos por respiración.

En un minuto conseguirás hacer diez respiraciones y en treinta minutos, 300 respiraciones.

60 segundos / 6 segundos por respiración = 10 respiraciones por minuto.

10 respiraciones por minuto × 30 minutos = 300 respiraciones por práctica.

Este será el total a sincronizar con el tiempo. Como en el mes anterior, anotarás si te has pasado o si has ido más rápido. El objetivo es sincronizar tu respiración con la del tiempo.

Si has podido sincronizar (+5/-5) muchos más días que los que no, enhorabuena, puedes pasar al Mes 7. De lo contrario, vuelve a repetir el Mes 5, donde recuerda que no hace falta contar en cada inspiración ni exhalación. Ya sabes, no sirve de nada hacer trampas, solo te engañas a ti mismo. *Nadie mira, nadie sabe.*

Mes 7

Este mes vas a ampliar la respiración. Inspirarás en tres segundos y exhalarás en siete; eso es un total de diez segundos:

3 segundos (inspiración) + 7 segundos (espiración) = 10 segundos por respiración.

Siguiendo los cálculos del mes anterior, en un minuto lograrás hacer seis respiraciones; en una sesión entera, 180 respiraciones:

60 segundos / 10 segundos por respiración = 6 respiraciones por minuto.

6 respiraciones por minuto × 30 minutos = 180 respiraciones por práctica.

Continúa anotando en el cuaderno lo mismo que en el mes pasado. El resultado lo anotas como en los anteriores meses y, si hay un mayor número de veces que sincronizaste —por ejemplo, más del 70%—, pasa al Mes 8. De lo contrario, repite este mes.

Mes 8 – Semana 1

Este mes hay que dividir la práctica en dos partes. Todo dependerá del tiempo que puedas o quieras dedicarle a ti mismo. Hasta ahora, solo has entrenado la atención durante unos cuantos minutos —y digo *solo* y me pongo a reír; como si no fuese suficiente, ¿verdad? Pues no, no es suficiente porque no basta con poder mantener la atención durante un cierto tiempo en algo—. *Ahora hay que llevarlo al día a día.*

Todo depende del tiempo que le quieras dedicar. Por ejemplo, lo ideal sería una hora al día, pero también se puede hacer con treinta minutos (justito, justito), ya que la fórmula es la misma. Anota en tu diario cuánto tiempo a partir de *hoy* quieres dedicarle a ti y a tu reeducación y haz el pacto de cumplirlo.

Supón que has elegido sesenta minutos cada día. Pon la alarma en una hora. Recuerda que este mes ya no tenemos como referencia la alarma para las respiraciones porque el tiempo total está dividido en dos partes.

Primera parte: treinta minutos. Cada respiración durará quince segundos y podrás hacer cuatro por minuto; 120 en total durante toda la primera parte:

5 segundos (inspiración) + 10 segundos (espiración) = 15 segundos por respiración.

60 segundos / 15 segundos por respiración = 4 respiraciones por minuto.

4 respiraciones por minuto × 30 minutos = 120 respiraciones durante la primera parte.

Si en vez de una hora, elegiste treinta minutos cada día, las cuentas son las mismas, salvo que serán sesenta respiraciones (4×15) durante la primera parte en vez de 120.

Segunda parte: treinta minutos (tiempo restante). Es para recordar y reprogramar. Vas a contar mentalmente cuántas mentiras o, mejor dicho, cuántas veces hoy (si realizas la práctica por la noche) o ayer (si lo haces por la mañana) te escabulliste de decir la *verdad*. Aquí no estás juzgando si era necesario o no, estás simplemente observándolo, jugando con la capacidad de recordar y observar al igual que hacías con la respiración, pero esta vez con una acción.

Al finalizar el tiempo, anota en el cuaderno el resultado del total de «mentiras» que recuerdas del día; si no consigues recordar o te cuesta mucho no te preocupes, mañana será otro día. Al anotar el resultado, cierra los ojos y repite esta frase: «Estoy atento a lo que hago y digo». Repítela todo el tiempo que te sea posible durante el día. Por ejemplo:

Día 1, Semana 1, Mes 8. Veces que no he dicho la verdad: x.

Mes 8 – Semana 2

Primera parte: igual que la de la semana anterior.

Segunda parte: observa la acción del enfado, rabia, ira... o simplemente lo que no te ha gustado que te hiciesen durante el día de hoy o ayer. Para simplificar, puedes utilizar el término «descontento». Por ejemplo:

Día 1, Semana 2, Mes 8. Veces de descontento: x.

Mes 8 – Semana 3

Primera parte: igual que las de las semanas anteriores.

Segunda parte: observa las discusiones o enfrentamientos verbales que has sufrido con mayor o menor intensidad durante el día de hoy o ayer: desacuerdos, puntillas, insinuaciones con picardía... Todo lo que se te ocurra referente a estas acciones.

La forma de anotarlas es diferente en este caso:

Discusiones provocadas por mí. Día 1, Semana 3, Mes 8. Veces: x.

Discusiones provocadas por los demás. Día 1, Semana 3, Mes 8. Veces: x.

Mes 8 – Semana 4

Primera parte: igual que las de las semanas anteriores.

Segunda parte: observa las muestras de afecto y remordimientos hacia uno mismo y hacia los demás: decir «te quiero», ayudar a alguien, reírse, cuidarse…

Vas a proceder de la siguiente forma porque aquí ya se suman dos acciones. Anotarás:

Día, semana y mes.

Número de veces que has tenido remordimientos:

· Por mis acciones.

· Por mis pensamientos.

Muestras de afecto:

· A los demás.

· A uno mismo.

Para aclarar qué son los remordimientos, podría decir que son esa sensación de culpa que a veces sentimos cuando alguien, por ejemplo, nos pide ayuda y se la negamos, y más tarde nos arrepentimos de no haberle ayudado. Esto podría ser un ejemplo, pero seguro que a estas alturas ya sabes a qué me refiero, ¿verdad?

Pasa al siguiente mes, no sin antes hacer la suma de tus acciones.

Mes 9 – Semanas 1 y 2

Este mes también lo dividiremos en dos partes.

Primera parte: la práctica de concentración cambia: vas a practicar una nueva respiración o, mejor dicho, vas a ampliarla.

La fórmula consiste en inspirar tres segundos, retener el aire en los pulmones tres segundos más y, finalmente, exhalar otros cuatro segundos. En total, diez segundos. Por lo tanto, serán seis respiraciones por minuto y 180 en total durante la sesión:

3 segundos (inspiración) + 3 segundos (retención pulmones llenos) + 4 segundos (espiración) = 10 segundos por respiración.

60 segundos / 10 segundos por respiración = 6 respiraciones por minuto.

6 respiraciones por minuto x 30 minutos = 180 respiraciones durante la primera parte.

Recuerda que si has elegido quince minutos para la primera parte de la práctica, entonces serán noventa respiraciones en total.

Segunda parte: vas a dedicar los treinta minutos a repasar todo el día anterior, pero solo te centrarás en todo aquello que te hizo ser infeliz o, dicho de otro modo, no te gustó. Lo anotarás con un simple recordatorio. Por ejemplo:

Recuerdo que con mi mujer/ hombre/ hijo discutimos cuando...

Este podría ser un ejemplo, pero seguro que hay muchos más. Puede que pienses que eso no es lo suficientemente importante y que sigues siendo feliz aunque ocurran esas cosas, que es normal que sucedan, pero hazte un favor y mira de anotarlos de todas formas.

Para no repetir conceptos, puedes anotar en una misma hoja las frases, y si las semanas siguientes ves que ya tienes una frase parecida o igual, anota a su lado un «+1». Esto te ahorrará trabajo a la hora de hacer el recuento total. Por ejemplo:

Me he enfadado con mi hermana. +1

No importa el motivo ni de quién es la culpa, solo anota cuántas veces ocurre lo mismo.

Mes 9 – Semanas 3 y 4

Primera parte: cambia levemente las respiraciones: reduce un segundo el tiempo de retención y espiración y añade dos segundos después de la inspiración, aguantando con los pulmones vacíos:

3 segundos (inspiración) + 2 segundos (retención pulmones llenos) + 3 segundos (espiración) + 2 segundos (retención pulmones vacíos) = 10 segundos por respiración.

Segunda parte: igual que las semanas anteriores.

Pasa al siguiente mes, no sin antes contar los resultados y anotarlos a su lado.

Mes 10 – Semana 1

Primera parte: este mes contaremos a la inversa. Si en los meses anteriores tenías que contar, en total, 180 respiraciones (90 en el caso de los 15 minutos), ahora las contarás al revés: 180, 179, 178… hasta llegar a cero, siguiendo el mismo patrón de las semanas anteriores:

3 segundos (inspiración) + 2 segundos (retención pulmones llenos) + 3 segundos (espiración) + 2 segundos (retención pulmones vacíos) = 10 segundos por respiración.

Segunda parte: vas a ser tú mismo quien decida qué acción vas a anotar en tu cuaderno, tal como has ido haciendo hasta ahora.

Mes 10 – Semana 2

Ambas partes son las mismas que las de la semana anterior, pero durante la segunda parte *busca otra acción a anotar*.

Mes 10 – Semanas 3 y 4

Primera parte: la concentración cambia:

5 segundos (inspiración) + 3 segundos (retención pulmones llenos) + 5 segundos (espiración) + 2 segundos (retención pulmones vacíos) = 15 segundos por respiración.

En resumen, quince segundos por respiración, cuatro respiraciones por minuto y 120 respiraciones en total. No olvides contar en orden descendente.

Segunda parte: busca otra acción, una diferente para cada semana. No olvides anotarlo todo.

Pasa al siguiente mes. No te descuides de contar los resultados y anotarlos.

Mes 11

Primera parte: durante todo el mes, escoge tú la fórmula y el tiempo de la primera parte. Puedes alargar más la exhalación, puedes hacer quince minutos ascendentes y los otros quince, descendentes… Ya es hora de que tú mismo busques tus propios ejercicios y consigas ponerlos en práctica.

Experimenta e intenta que cada vez tengas más control sobre tu respiración. Cuanto menos tengas que respirar por minuto, mayor será tu capacidad respiratoria y tu concentración. La respiración está conectada a la mente y si, por ejemplo, consiguieras hacer una única respiración por minuto, imagina qué supondría eso, qué beneficios obtendrías en todo tu organismo.

Lo mejor de todo es que este sistema lo puedes emplear con todo: los estudios, el trabajo, las relaciones… Si tenemos la capacidad de concentrarnos en la respiración, también la tenemos en todo aquello que queramos. Imagina alcanzar tal concentración en nosotros mismos que pudieras estar las veinticuatro horas en vigilia observándolo todo, viviendo la vida desde el ser consciente. Para mí, no hay palabras mayores, y esa es la meta que tarde o temprano alcanzaré, siempre con la ayuda de todos vosotros y de la Esencia de la Vida, que nunca me abandona.

Segunda parte: el tiempo restante lo emplearás de una forma diferente de la que venías haciendo. Vas a recoger toda esa información que está apuntada en el cuaderno y la vas a invertir.

Explico el funcionamiento. En la Semana 1 del Mes 8 empezaste a contar cuántas veces eludías decir la verdad. Esta semana puedes repasar esas notas y plantear contar la verdad a alguna de esas personas. Elige una mentira intencionada que sea fácil de revertir; yo no empezaría por las que, por decirlo de alguna forma, "fuesen las más sonadas", las más grandes.

Por ejemplo, yo apunté que no dije la verdad sobre quién rompió el jarrón de las flores, o simplemente omití decirlo y les dije a todos que había sido el gato. Pues a las personas a las que no les conté la verdad, voy y les explico lo que sucedió en realidad.

Esta semana se trata de corregir, enmendar las cosas, pero solo tú decides hasta dónde quieres llegar. En este ejercicio no se premia qué mayor verdad destapes, sino que seas capaz de hacerlo a voluntad y sin miedo. ¡Ánimo! Cuanto más practiques, mejor se te dará.

Durante este mes discúlpate por no haber relatado los hechos con veracidad. Tienes treinta minutos diarios; al finalizar el mes, como mínimo, tendrías que haber destapado la verdad a veinte personas. Si te estás preguntando qué pensarán de ti al ver que eras un mentiroso, no te preocupes. Tu respuesta podría ser «ahora es lo que cuenta; he decidido corregir mis actos, soy una persona diferente a la que conociste» o «me estoy reeducando» o lo que tú quieras decir. Lo importante es el hecho de que te sirva para coger confianza en ti. Anótalo todo.

Mejor no pases de mes hasta que consigas resolver este tema antes. Recuerda: no te sirve hacer trampas porque no engañas a nadie, solo a ti.

Mes 12

Todo es igual que el mes anterior, pero en vez de la falta de verdad vas a ocuparte de todo aquello que te ha herido o disgustado. Por ejemplo, hace tiempo que mi padre/madre/hermano me hizo una broma pesada que me sentó fatal y nunca le he dicho nada de eso, pero es una espina que tengo clavada y la recuerdo cada vez que le veo. Ese es el mejor candidato para hacer la práctica y contarle lo ocurrido.

Aquí lo *importante* no es esperar nada al decirlo, o sea, que no vayamos como si el otro fuera a arrodillarse y pedirnos disculpas o perdón por lo ocurrido. ¡Nada de eso! Solo pretendemos expresar lo que llevamos adentro, no la aceptación por parte de los demás de lo acontecido. Recuerda: solo tienes que expresarlo. No discutas, no te enfades.

Ya tienes suficiente experiencia para lograr tu objetivo: conocerte a ti mismo. De ahora en adelante lo puedes hacer tú mismo; los ejercicios y el planteamiento siempre son los mismos: conocerse y corregir. Si puede ser, que el diario del próximo año tenga diferentes resultados que los de este.

www.ingramcontent.com/pod-product-compliance
Lightning Source LLC
Chambersburg PA
CBHW071606170426
43196CB00033B/2116